Viaţa şi epoca lui Akhenaton, faraon al Egiptului

Arthur Weigall

Editura Infarom
Târgu Jiu, 2018

INFAROM
office@infarom.ro
http://www.infarom.ro

ISBN 978-973-1991-92-4

Editura: **INFAROM**
Autor: **Arthur Weigall**
Traducător: **Nicolescu Răzvan Alexandru**

Descrierea CIP a Bibliotecii Naționale a României
WEIGALL, ARTHUR
  Viața și epoca lui Akhenaton, faraon al Egiptului / Arthur Weigall;
trad.: Nicolescu Răzvan Alexandru. - Târgu Jiu : Infarom, 2018
  ISBN 978-973-1991-92-4

I. Nicolescu, Răzvan Alexandru (trad.)

94

Titlul original: *The life and times of Akhnaton, Pharaoh of Egypt* (Ediția originală a fost publicată în 1910; traducerea curentă este a ediției a patra, din 1922)

Copyright © INFAROM 2018

Acest material este sub incidența copyright-ului. Toate drepturile asupra lucrării sunt rezervate, atât parțial cât și în ansamblul ei, în special drepturile de traducere, copiere, citare, înregistrare, reproducere pe microfilm sau pe orice alt suport, precum și stocare în baze de date. Reproducerea acestei publicații sau a părților ei este permisă numai cu respectarea Legii dreptului de autor și cu acceptul scris al editurii INFAROM.

Cuprins:

Prefață 7
Introducere 19

I. **Părinții și bunicii lui Akhenaton** 23
    I.1 Strămoșii lui Akhenaton 23
    I.2 Zeii Egiptului 25
    I.3 Semizeii, spiritele și preoțimea 28
    I.4 Tutmes al IV-lea și Mutemwia 29
    I.5 Yuya și Thuya 31
    I.6 Amenofis al III-lea și curtea sa regală 35

II. **Nașterea și copilăria lui Akhenaton** 39
    II.1 Nașterea lui Akhenaton 39
    II.2 Ascensiunea lui Aton 40
    II.3 Puterea reginei Tiy 42
    II.4 Căsătoriile lui Akhenaton 44
    II.5 Întronarea lui Akhenaton 46
    II.6 Primii ani de domnie 48
    II.7 Noul stil artistic 51
    II.8 Dezvoltarea noii religii 55
    II.9 Esența noii religii 58

III. **Akhenaton fondează un oraș** 61
    III.1 Separarea de preoțimea lui Amon-Ra 61
    III.2 Akhenaton alege amplasamentul noului oraș 63
    III.3 Prima inscripție 64
    III.4 Cea de-a doua inscripție 67
    III.5 Despărțirea de Teba 69
    III.6 Vârsta lui Akhenaton 71

IV. **Akhenaton formulează religia lui Aton** 75
    IV.1 Aton, Dumnezeul adevărat 75
    IV.2 Aton, părintele iubitor al întregii creaţii 76
    IV.3 Aton, venerat la răsăritul şi la apusul soarelui 79
    IV.4 Bunătatea lui Aton 80
    IV.5 Akhenaton, "fiu al lui Dumnezeu" în baza unui drept consuetudinar 82
    IV.6 Legătura cultului lui Aton cu religiile vechi 84
    IV.7 Necesităţile spirituale ale sufletului după moarte 86
    IV.8 Necesităţile materiale ale sufletului 88

V. **Cel de-al zecelea, cel de-al unsprezecelea şi cel de-al doisprezecelea an de domnie** 91
    V.1 Imnurile celor ce se închinau lui Aton 91
    V.2 Asemănările dintre imnul lui Akhenaton şi Psalmul CIV 96
    V.3 Merira este făcut Mare Preot al lui Aton 98
    V.4 Familia regală vizitează templul 100
    V.5 Akhenaton în palatul său 102
    V.6 Evenimente istorice din această perioadă a domniei lui Akhenaton 103
    V.7 Regina Tiy vizitează Oraşul Orizontului 106
    V.8 Regina Tiy îşi vizitează templul 109
    V.9 Moartea reginei Tiy 110

VI. **Cel de-al treisprezecelea, cel de-al paisprezecelea şi cel de-al cincisprezecelea an de domnie** 113
    VI.1 Dezvoltarea religiei lui Aton 113
    VI.2 Akhenaton şterge orice urmă a numelui Amon 115
    VI.3 Marele templu al lui Aton 117
    VI.4 Splendoarea oraşului 119
    VI.5 Afecţiunea lui Akhenaton pentru familie 124
    VI.6 Prietenii lui Akhenaton 126
    VI.7 Dificultăţile lui Akhenaton 128

VII. **Ultimii doi ani ai domniei lui Akhenaton** 131
    VII.1 Invazia hitită în Siria 131
    VII.2 Akhenaton nu se implică în lupte, în baza convingerilor 132
    VII.3 Lipsa de loialitate a lui Aziru 134
    VII.4 Luptele pornite în Siria cuprind tot mai multe regiuni 137
    VII.5 Aziru şi Rib-Hadda luptă crâncen 139
    VII.6 Akhenaton continuă să refuze implicarea în lupte 141
    VII.7 Starea de sănătate a lui Akhenaton se deteriorează 142
    VII.8 Ultimele zile ale lui Akhenaton şi sfârşitul său 145

VIII. **Declinul religiei lui Akhenaton** 149
    VIII.1 Înmormântarea lui Akhenaton 149
    VIII.2 Curtea regală se reîntoarce în Teba 152
    VIII.3 Domnia lui Horemheb 155
    VIII.4 Întinarea memoriei lui Akhenaton 156
    VIII.5 Descoperirea trupului lui Akhenaton 158

Încheiere 163

Notele traducătorului 165

Prefață

Cartea „Viața și epoca lui Akhenaton, faraon al Egiptului" a fost publicată în anul 1910. Au fost realizate două sau trei ediții, după care nu a mai fost tipărită. Acest lucru a determinat vânzarea puținelor exemplare rămase în circulație la prețuri de cinci, șase ori mai mari față de prețul inițial al cărții. Acestă cerere susținută a condus la prezenta reeditare. Această ediție a fost actualizată și a primit adăugiri considerabile, însă per ansamblu textul păstrează forma inițială.

Egypt Exploration Society întreprinde în prezent (1922) săpături de amploare în situl arheologic al vechiului oraș sacru al lui Akhenaton. Activitatea acestei societăți arheologice este extrem de importantă și obiectivele sale ar trebui să fie cunoscute pe scară largă. Republicarea acestui volum i-ar putea fi de folos în această privință. Cititorii cărora prezenta lectură le va trezi interesul pot lua legătura cu secretarul societății respective, cu sediul în piața Travistock, nr. 13, Londra, care le poate furniza toate informațiile legate de săpăturile arheologice. Pentru continuarea și extinderea lucrărilor este nevoie de fonduri și, după cum cititorul va înțelege din paginile ce urmează, aceasta este probabil perioada din antichitate care merită cel mai mult elucidări, iar acesta este situl arheologic care va răsplăti cel mai bine excavațiile.

Pe când pregăteam prima ediție a acestei cărți, eram singurul care considera că Akhenaton murise la vârsta de doar 30 de ani, iar afirmația mea privind faptul că mumia unui tânăr descoperită recent îi aparținea acestui faraon era luată în derâdere. Cu toate acestea, până la urmă a fost dovedită corectitudinea afirmației mele, iar în prezent durata și cursul vieții acestui faraon, după cum sunt redate în cartea de față, sunt în general acceptate. Face excepție renumitul cercetător german, prof. Kurt Sethe Gottingen, care nu este încă hotărât în momentul în care scriu aceste rânduri (1922).

Cu toate că ar putea depăși sfera interesului cititorului care nu este de specialitate, mă consider îndreptățit să prezint cu această ocazie argumentele în baza cărora am identificat mumia și am determinat ce vârstă avea Akhenaton atunci când a murit. Voi începe cu câteva cuvinte privind excavaţiile care au condus la descoperirea acesteia (în anul 1907).

Mormântul reginei Tiy, în care se găsea mumia considerată a-i aparţine lui Akhenaton, a fost descoperit în Ianuarie 1907 în cadrul excavaţiilor conduse de dl. Theodore M. Davis în Valea Regilor din Teba. Dl Davis era un american fascinant care îşi petrecea iernile pe un „dahabieh" la Luxor. Aşa a ajuns să fie pasionat de egiptologie. În 1902 i-a dat o mică sumă de bani d-lui Howard Carter, pe atunci Inspector General al Antichităţilor Egiptului de Sus, pentru a-i fi permisă continuarea săpăturilor în necropolă. În 1903, în urma săpăturilor finanţate cu suma respectivă a fost descoperit mormântul lui Tutmes al IV-lea. În cursul aceluiaşi an dl. Carter a descoperit mormântul reginei Hatşepsut tot cu finanţarea d-lui Davis. Dl. Davis a devenit, ca să spunem aşa, bancherul din spatele săpăturilor statului egiptean în faimoasa vale.

În 1904, dl. Quibell a luat locul d-lui Carter la Luxor şi a continuat săpăturile. În 1905 am fost numit Inspector-General şi am lucrat împreună cu dl. Quibell la faimoasele morminte ale lui Yuya şi Thuya (în prima parte a anului respectiv). Pe vremea aceea, dl. Davis finanţa săpăturile, dar noi, Departamentul Guvernamental al Antichităţilor Egiptene, suportam restul cheltuielilor, de exemplu cele de ambalare a antichităţilor, de păstrare a acestora şi aşa mai departe. Este interesant de observat că dl. Davis a suportat un cost total de aproximativ 80 de lire sterline pentru lucrările din perioada respectivă care au condus la unele dintre cele mai importante descoperiri din Egipt.

În 1906 am insistat ca dl. Davis să angajeze un arheolog care să conducă lucrările sub supravegherea mea. Acest lucru a condus la numirea d-lui Edward R. Ayrton. Începând de atunci săpăturile au continuat timp de câţiva ani. Dl. Davis le-a finanţat şi a fost considerat conducătorul oficial, un arheolog plătit de el a locuit în şantier şi a condus lucrările, iar eu am supervizat lucrările din partea autorităţilor egiptene. Toate antichităţile găsite au fost trimise la Muzeul din Cairo, cu excepţia câtorva obiecte care i-au fost dăruite d-lui Davis şi care se găsesc în prezent în Muzeul Metropolitan din New York. Autorităţile au suportat toate costurile în afara celor privind săpăturile, dl. Davis a finanţat tipărirea publicaţiei anuale, iar noi toţi i-am atribuit cinstea descoperirilor, munca în sine fiind demnă de tot sprijinul, în ciuda faptului că promotorul său era un simplu amator şi că trebuia foarte mult tact în instituirea unei supravegheri adecvate a lucrărilor sale.

Atunci când a fost descoperit mormântul reginei Tiy, lucrările aveau loc în felul următor. Dl. Ayrton era la conducere şi-mi înmâna în mod oficial orice obiect descoperit. Plin de tact, mă situam în plan secund şi lăsam în mare măsură aranjarea mormântului în mâinile sale eficiente, limitându-mă la supravegherea lucrărilor. Atunci când dl. Davis făcea publice rezultatele, adăuga o notă scrisă de dl. Ayrton, dar nu făcea absolut nicio menţiune în privinţa contribuţiei mele. Aş dori să precizez că acest lucru, departe de a indica egoism şi lipsă de consideraţie, era cauzat de obiecţiile sale uşor de înţeles în privinţa restricţiilor (legitime) pe care Ministerul din care făceam parte mă obliga să i le impun.

Dl. Davis, dl. Ayrton şi dl. Harold Jones (care a contribuit la lucrări) nu mai sunt printre noi. Sunt, prin urmare, singurul supravieţuitor al micului grup care s-a ocupat cu săpăturile, iar toate explicaţiile de mai sus sunt necesare pentru a clarifica poziţia mea în privinţa acestor săpături şi pentru a conferi autoritate declaraţiilor pe care urmează să le fac.

Vreau să arat că nu poate exista niciun dubiu în privinţa faptului că mumia găsită în mormântul reginei Tiy este cea a lui Akhenaton. De aceea cel mai bine este să încep prin a stabili, pornind de la monumente şi de la dovezile istorice, vârsta la care a decedat acest faraon. Argumentele sunt următoarele:

1. Akhenaton a fost căsătorit cu Nefertiti fie înainte, fie la scurt timp după ascensiunea sa la tron. Pe stela de hotar de la El Amarna, care datează din cel de-al patrulea an al domniei sale, se poate observa că ea îi dăruise deja două fiice. Care să fie, atunci, vârsta probabilă la care a devenit tată? Mumia lui Tutmes al IV-lea, bunicul lui, este aceea a unui bărbat în vârstă de cel mult 26 de ani, după cum a demonstrat profesorul Elliot Smith. Lui Tutmes al IV-lea îi urmase la tron fiul său, Amenofis al III-lea, despre care se ştie că fusese căsătorit cu regina Tiy înaintea celui de-al doilea an al domniei sale. Astfel, atât Tutmes al IV-lea cât şi Amenofis al III-lea, trebuie să fi fost căsătoriţi la vârsta de 12 sau 13 ani. Amenofis al

III-lea avea 45 sau 50 de ani atunci când a murit, după cum a constatat prof. Elliot Smith în urma examinării mumiei acestuia. Având în vedere că fusese faraonul Egiptului timp de 36 de ani, înseamnă că avea cel mult 14 ani atunci când a fost căsătorit. Merytaton, fiica lui Akhenaton, născută în cel de-al treilea sau în cel de-al patrulea an al domniei sale, fusese căsătorită cu Semenkhare înaintea acelui de-al şaptesprezecelea an de domnie, adică la vârsta de 13 sau 14 ani. Prinţesa Ankhsenpaaton, născută în cel de-al optulea an de domnie, a fost căsătorită la cel puţin doi ani după moartea lui Akhenaton, la vârsta de 11 ani, iar mai tânăra prinţesă Neferneferuaton, a fost căsătorită cu regele Babilonului la vârsta de 5 sau 6 ani.

Căsătorirea copiilor se practică şi în prezent în Egipt. Dacă presupunem că Akhenaton a urmat paşii tatălui şi ai bunicului său, el nu avea cu siguranţă mai mult de 14 ani atunci când i s-a născut primul copil. Din acest fapt deducem ca el avea aproximativ 30 de ani atunci când a murit.

2. În biografia lui Bakenkhonsu, Mare Preot al lui Amon sub Ramses al II-lea, ni se spune că a ajuns la vârsta majoratului la 16 ani. Akhenaton fusese sub regenţa mamei sale în primii ani de domnie, după cum ne arată scrisorile de la El Amarna şi inscripţia de la Wadi Hammamat. Aşadar, se poate presupune că pe-atunci nu avea vârsta majoratului. Dacă marile schimbări în artă şi religie au început când el a ajuns la vârsta majoratului, în cel de-al treilea sau cel de-al patrulea an de domnie (şi faraonul face referire la cel de-al patrulea an în inscripţia de la fondarea oraşului), înseamnă că avea aproximativ 30 de ani atunci când a murit. Merită observat faptul că Al-Hakim, calif, avea 16 ani când a emis primele sale decrete religioase.

3. La funeraliile lui Yuya şi Thuya, probabil către sfârşitul domniei lui Amenofis al III-lea, având în vedere că aveau o vârstă avansată în opinia profesorului Elliot Smith, faraonul, regina Tiy şi cele două fiice au dus ofrande. Nu este menţionat încă un fiu şi nici nu avem vreo dovadă a existenţei lui Akhenaton până atunci când a avut loc căsătoria cu Tadukhipa. Pe coloanele templului Medinet Habu sunt reprezentate 3 dintre fiicele lui Tiy, dar nu este încă menţionat un fiu. Ar fi fost

menționat cu siguranță dacă ar fi existat la jumătatea domniei tatălui său. De aici deducem că era destul de mic la moartea tatălui său.

4. Se pare că Amenofis al III-lea a fost bolnav în ultimii ani ai domnie sale, având în vedere că regele din Mitanni i-a trimis de două ori statuete făcătoare de minuni ale zeiței Iștar în speranța însănătoșirii. Este curios faptul că Manetho spune că domnia sa a numărat doar 30 de ani, în vreme ce mărturiile epocii indică faptul că domnia sa a durat 36 de ani. Explicația poate fi aceea că în ultimii 6 ani starea de sănătate nu i-a mai permis să conducă. Cu toate acestea, fiul său nu a preluat conducerea și puterea a rămas în mâinile reginei Tiy. Prin urmare, Akhenaton trebuie să fi fost prea tânăr pentru a conduce și, în baza scrisorilor de la El Amarna, chiar atunci cânt fusese întronat, mama sa trebuia încă să fie consultată în problemele de stat. Pe de altă parte, o scrisoare a lui Dușarata din cel de-al treizeci și patrulea an al domniei lui Amenofis al III-lea, face referire la Tadukhipa în calitate de soție a lui Akhenaton, ceea ce indică faptul că băiatul avea 12 sau 13 ani pe atunci. Acest lucru face ca moartea acestuia (care avea să urmeze după 17 ani) să fi survenit la vârsta de 30 de ani.

Nu se poate presupune, în linie cu argumentele prezentate, că Akhenaton avea mai mult de 30 de ani atunci când a murit. Totuși în Ashmolean Museum din Oxford se găsește un fragment dintr-o inscripție care îl prezintă pe faraon sărbătorind Heb Sed sau Jubileul, ceea ce indică la o primă vedere faptul că era mult mai în vârstă. Nu consider că se poate deduce ceva extrem de clar pe baza acestei sărbători. Heb Sed se ținea în general după ce un faraon împlinea 30 de ani de domnie. Profesorul Sethe a arătat însă că este mai probabil ca sărbătoare respectivă să marcheze 30 de ani din momentul în care faraonul devenea moștenitor al tronului. Akhenaton devenise moștenitor imediat după naștere și dacă prof. Sethe are dreptate, celebrarea respectivă indică doar faptul că avea cel puțin 30 de ani atunci când a murit, ceea ce este în acord cu argumentele prezentate mai sus. În fragmentul din Ashmolean Museum nu se găsește niciun element care să indice data jubileului, iar faptul că este menționat un „Mare Preot al lui Akhenaton" sugerează că aparține ultimului an de domnie, având în vedere că prezintă un progres al religiei lui Aton care s-a produs pe finalul domniei lui Akhenaton.

Edward Meyer a arătat că Tutmes al II-lea, a cărui mumie indică faptul că acesta a murit înainte de împlinirea vârstei de 30 de ani, pare să-şi fi sărbătorit de două ori jubileul. În aceste condiţii şi Akhenaton şi-ar fi putut sărbători mai devreme jubileul.

Am trimis mumia pe care am găsit-o (într-un sicriu ce-i aparţinea cu siguranţă lui Akhenaton) în mormântul reginei Tiy, profesorului Elliot Smith (în Cairo) în vederea examinării. Pentru a înlătura orice idee vizând o confuzie sau o greşeală în privinţa trupului, pot adăuga faptul că am pus osemintele în ceară în vederea conservării, înainte ca profesorul Smith să le examineze şi să confirme ipoteza. Raportul său în această privinţă a fost publicat în catalogul mumiilor regale, în Muzeul din Cairo. După o examinare amănunţită a scheletului, deşi multe elemente sugerează o vârstă de aproximativ 26 de ani, concluzia este că „niciun specialist în anatomie nu ar putea refuza posibilitatea ca individul respectiv să fi fost cu câţiva ani mai tânăr sau mai bătrân în raport cu estimarea oficială". Acesta mai precizează şi faptul că dacă un istoric ar aduce dovezi că Akhenaton avea 30 de ani atunci când a murit, atunci elementele de ordin anatomic care indică o vârstă mai mică trebuie considerate de importanţă secundară. Astfel, în ceea ce priveşte vârsta corpului respectiv, se poate considera că mumia îndeplineşte condiţiile pentru a fi identificată cu aceea a lui Akhenaton.

Următoarele elemente ale raportului sunt importante în ceea ce priveşte aspectul fizic:

1. Configuraţia părţii superioare a feţei, inclusiv a frunţii, este identică cu aceea a bunicii din partea mamei, Yuya.

2. Maxilarul este tipic armenoid, după cum e de aşteptat având în vedere că bunica din partea tatălui fusese Mutemwia, o prinţesă din Mitanni.

3. Proiecţia incisivilor superiori este similară celei pe care o prezintă mulţi membri ai familiei regale din dinastia a XVIII-a.

4. O protuberanţă osoasă neobişnuită între nas şi alveolele dentare constituie un element distinctiv şi în cazul lui Amenofis al III-lea.

5. Se găsesc unele asemănări cu Amenofis al III-lea şi la nivelul molarilor.

6. Structura generală a feţei şi în mod deosebit a maxilarului, este exact aceea reprezentată de statuile lui Akhenaton.

Aceste caracteristici fizice dovedesc în mod concludent că mumia este aceea a unui bărbat din familia regală, căruia îi curgea prin vene atât sângele lui Yuya, cât şi cel al lui Amenofis al III-lea. Obiectele care o însoţeau o situează în epoca lui Akhenaton. Corpul aşadar, cel puţin în baza elementelor istorice, nu poate fi decât cel al lui Akhenaton. Nu există o altă persoană căreia să-i poată aparţine, iar acestei dovezi de tip negativ i se va da o explicaţie aprofundată.

Sarcofagul, expus în prezent în muzeul din Cairo, îi aparţine lui Akhenaton dincolo de orice dubiu întrucât poartă inscripţii cu numele şi titlurile sale atât în exteriorul şi în interiorul capacului, cât şi în interiorul sarcofagului propriu-zis. Un element, însă, a fost ascuns în mod misterios. În mormânt a intrat foarte multă apă de ploaie printr-o fisură în stâncă şi mumia (trup şi bandaje) a putrezit total. Totuşi, atunci când am dat la o parte capacul de pe sarcofag, am găsit o bandă sau panglică din foiţă de aur. Aceasta fusese pusă longitudinal pe partea din faţă a mumiei, peste bandaje. Alte panglici (care formau unghiuri drepte cu banda longitudinală) fuseseră puse de jur împrejurul mumiei. După ce am adunat osemintele şi am îndepărtat toate celelalte rămăşiţe, am găsit o altă panglică longitudinală, care fusese pusă pe spatele mumiei. Panglicile aveau o lăţime de aproximativ 5 centimetri şi menţionau titlurile lui Akhenaton, dar hieroglifele fuseseră decupate şi mai rămăseseră doar nişte spaţii ovale din loc în loc. Hieroglifele care-l desemnau pe Akhenaton fuseseră îndepărtate şi din inscripţiile de pe sarcofag.

Voi furniza o scurtă descriere a mormântului. Aceasta ar trebui citită alături de relatările d-lui Davis şi ale d-lui Ayrton în privinţa acestei descoperiri, care pot fi găsite în cartea publicată de cel din urmă.

Mormântul reprezintă o încăpere tăiată în stâncă, în care se ajunge printr-un coridor în pantă. Este asemănător cu mormântul lui Yuya şi Thuya, ceea ce îl face tipul de mormânt potrivit pentru o regină sau o altă faţă regală. Înăuntru se găseau rămăşiţele unei structuri din lemn care conţinuse sarcofagul şi mumia. Inscripţiile nu lasă niciun dubiu că fusese realizată de Akhenaton pentru înmormântarea reginei Tiy. Patru cărămizi de la bază poartă numele lui Akhenaton. În mormânt se găseau multe obiecte pe care era gravat numele reginei. Structura din lemn fusese demontată şi unele părţi ale sale se găseau pe coridor, de parcă s-ar fi încercat scoaterea lor odată cu mumia reginei dar ulterior s-a renunţat la acest lucru având în vedere dimensiunile reduse ale coridorului.

Nu încape aşadar niciun dubiu că mormântul fusese făcut pentru regina Tiy şi că trupul acesteia fusese mutat de acolo ulterior, în vreme ce structura respectivă din lemn fusese lăsată din cauza dificultăţilor de a o scoate afară, iar unele dintre obiectele reginei fuseseră pur şi simplu uitate acolo.

Într-o altă parte a încăperii se găsea sarcofagul lui Akhenaton. Fusese depus pe un catafalc, dar acesta putrezise. În urma prăbuşirii, partea superioară a mumie ieşise parţial din sarcofag, pe sub capac. În cartea publicată de dl. Davis pot fi găsite fotografii ale acestei scene. Lângă sarcofag se găseau 4 canope la care mă voi referi ulterior.

Împrăştiate printre celelalte rămăşiţe, au fost găsite sigilii de lut purtând numele faraonului Tutankhaton. Intrarea în mormânt prezenta urmele a cel puţin două sigilări. Se găsea o parte a primului zid din bucăţi de calcar, cimentate din exterior, iar peste rămăşiţele acestuia, se mai găsea un al doilea zid ceva mai fărâmicios. Cimentul purta un sigiliu care reprezenta un şacal aşezat peste 9 captivi, sigiliul obişnuit al unei necropole. Cel de-al doilea zid fusese dărâmat parţial şi nu fusese refăcut.

Dau următoarea interpretare datelor furnizate mai sus. În primul rând, regina Tiy a fost îngropată în acest mormânt, iar ulterior s-a intrat din nou în mormânt, la ordinul lui Akhenaton, pentru a şterge numele zeului Amen de oriunde ar fi fost găsit. După ce Akhenaton a murit şi a fost înmormântat la El Amarna, curtea regală s-a reîntors la Teba, sub faraonul Tutankamon. Corpul lui Akhenaton a fost adus în vechea necropolă a strămoşilor lui şi a fost depus în mormântul mamei sale. După câţiva ani, atunci când memoria sa devenise detestabilă, preoţii au scos mumia lui Tiy din mormântul respectiv, care fusese întinat de prezenţa „acelui criminal", după cum era mai nou denumit Akhenaton, au şters numele faraonului şi l-au lăsat singur şi lipsit de nume în mormânt.

Au fost menționate cele 4 canope. Acestea nu aparțineau reginei Tiy, întrucât cei care au mutat de acolo mumia reginei, nu i-ar fi lăsat acolo inima și restul organelor. Canopele pe care le-am găsit în mormânt aparțin mumiei care se găsea în mormânt. Conținutul vaselor respective a putrezit din cauza umidității. La fel și restul mumiei. În canopele respective se mai găsesc fragmente din materialul tratat cu bitum în care fuseseră învelite (pag. 24 în cartea d-lui Davis – Daressy). Pe fiecare vas funerar fusese câte o inscripție care reda probabil numele defunctului și de pe fiecare aceasta fusese ștearsă în întregime. Capacele vaselor respective erau sculptate în formă de cap regal, cu decorațiunea obișnuită pentru o femeie sau un bărbat și cu șarpele simbolic al suveranilor egipteni pe frunte. Reginele acestei perioade poartă un șarpe dublu, după cum se poate observa, de exemplu, într-un un relief din Sinai care o înfățișează pe regina Tiy (în prezent, în Bruxelles), pe colosul de la Medinet Habu (în prezent, în Cairo), într-un portret din Fayyum aparținând perioadei respective (în prezent, în Berlin), în mai multe reliefuri care o înfățișează pe Nefertiti (în mod deosebit în cel prezentat în cartea lui Petrie, "Istorie", II, pag. 230), etc. Faptul că aceste capete de pe canope nu au barbă, nu înseamnă că reprezintă femei, întrucât nu cred că există vreo reprezentare a lui Akhenaton cu barbă. Capetele ar putea reprezenta portrete ale lui Akhenaton realizate la începutul domniei sale și forma caracteristică a mandibulei se poate observa în cel puțin una dintre cele patru reprezentări, după cum a evidențiat și dl. Daressy.

Consider potrivit următorul raționamentul. Canopele respective nu sunt ale lui Tiy, întrucât dacă ar fi fost, ar fi fost mutate odată cu mumia sa, având în vedere că reprezentau o parte esențială a acesteia. În plus, pe frunțile respective ar fi fost reprezentat un șarpe dublu. Dacă nu aparțin unei regine, trebuie să aparțină unui faraon și cărui alt faraon, dacă nu lui Akhenaton? Canopele, totuși, nu ar fi fost niciodată despărțite cu intenție de mumia căreia îi aparțineau. Prin urmare, dacă vasele funerare sunt ale lui Akhenaton și mumia trebuie să fie tot a sa.

Este interesant faptul că aceste vase funerare par să aparțină, în baza stilului realizării lor, unei perioade aflate cu mai mulți ani înaintea morții lui Akhenaton. Aceasta sugerează faptul că își pregătise funeraliile din timp. Două alte elemente conduc la aceeaşi concluzie. În primul rând, în inscripţia care se găseşte pe parte frontală a sarcofagului său, cuvântul „adevăr" este reprezentat prin simbolul unei zeiţe care nu avea să mai fie folosit către finalul domniei sale. Pe de altă parte, inscripţiile care se găsesc în partea inferioară şi în interiorul sarcofagului, prezintă acest cuvânt reprezentat în maniera târzie. Este de presupus că realizarea sarcofagului începuse cândva în prima parte a domniei sale şi nu fusese terminată în perioada respectivă. În reprezentarea de pe capacul sarcofagului, forma hieroglifei care îl reprezintă pe zeul Aton constituie un alt indiciu al faptului că realizarea sarcofagului a fost terminată în ultima parte a domnie. În al doilea rând, printre rămăşiţele mumiei a fost găsit un colier şi o parte dintr-o foiţă de aur, fiecare purtând o hieroglifă timpurie care îl reprezenta pe Aton. Acest lucru arată că unele părţi ale înzestrării funerare, dacă nu toate, fuseseră pregătite cu mai mulţi ani înainte de a fi nevoie efectivă de ele. O astfel de procedură nu este surprinzătoare având în vede că faraonii îşi pregăteau mereu mormintele în timpul domnie lor. Putem presupune că sarcofagele şi veşmintele funerare erau de asemenea pregătite din timp. Acest lucru explică de ce reprezentările de pe vasele funerare înfăţişează un chip mai tânăr, care nu este identic cu acela din reprezentările târzii ale lui Akhenaton.

Peste faţa şi capul mumiei am găsit un obiect în formă de vultur. Acesta era realizat din aur şi era uşor curbat pentru a se potrivi peste bandaje. Domnii Davis şi Daressy îl numesc coroana reginei, iar dl. M. Maspero l-a etichetat în consecinţă, în muzeul din Cairo. Cu toate acestea, nu reprezintă o coroană. Această concluzie se bazează pe faptul că vulturul respectiv avea coada (nu capul) orientată spre frunte. Este pur şi simplu un pectoral obişnuit, de tipul celor care pot fi observate în picturile murale din mormintele din Teba (de exemplu, în mormântul lui Horemheb, nr. 78) printre obiectele decorative ale mumiei.

Pe scurt, mumia din sarcofagul lui Akhenaton purta panglici pe care era înscris numele lui Akhenaton şi era însoţită de canopele lui Akhenaton. Era mumia uni bărbat de vârsta lui Akhenaton, a cărui structură facială corespundea celei din portretele lui Akhenaton şi prezenta asemănări fizice cu tatăl şi bunicul lui Akhenaton. Cum i-ar mai putea pune cineva identitatea la îndoială în aceste condiţii? Cu toate acestea, prof. Sethe a publicat în „Nachrichten der K. Gesellschaft der Wissenschaften zu Gottingen", *1921,* un articol în care ajunge la concluzia că mumia pe care am găsit-o nu este probabil cea a lui Akhenaton. Este evident, însă, că nu îi fuseseră prezentate toate probele disponibile şi că pusese sub semnul întrebării o identificare ce nu lasă loc vreunui dubiu.

Arthur Weigall,
Iunie 1922, Londra

Introducere

Domnia lui Akhenaton[1] (unii filologi care preferă să interpreteze drept „I" prima literă a numelui, îl numesc pe faraon „Ikhnaton," în loc de „Akhenaton"), care a fost faraon al Egiptului timp de 17 ani (1375 - 1358 î.Hr.), iese în evidenţă drept cea mai interesantă perioadă din lunga istorie a acestei ţări. Am urmărit faraonii şi linia lor fără sfârşit, i-am văzut pe fiecare dintre aceştia preţ de-o clipă în lumina palidă a cunoaşterii moderne şi, în mare majoritate, nu au impresionat în mod deosebit. Se pierd cu toţii în negura vremii, sunt morţi de câteva mii de ani, aproape că şi-au pierdut individualitatea pe de-a întregul. Rostim un nume regal şi drept răspuns ni se înfăţişează o figură nedesluşită, care face câteva mişcări rigide înainte de a fi cuprinsă încă o dată de întuneric. Unele sunt însoţite de zgomotul surd al luptelor, altele, de râsete şi muzică, iar altele, de tânguirile celor oprimaţi. Însă, odată cu numele lui Akhenaton iese din întuneric o figură mai dezluşită decât a oricărui alt faraon, însoţită de ciripit de păsărele, voci de copii şi parfumul multor flori. Numai de această dată ni se prezintă mintea unui faraon al Egiptului, putem urmări unele dintre procesele acesteia şi tot ceea ce ni se înfăţişează este demn de admiraţie. Akhenaton a fost denumit „primul individ din istoria omenirii" (Breasted, "Istoria Egiptului"), reprezintă întâiul personaj de dimensiune istorică a cărui personalitate ne este prezentată şi este primul om care a fondat o doctrină religioasă. A deschis noi drumuri prin geniul său şi a fost, în această lumină, primul idealist al lumii. Perioada scurtă în care a domnit merită o analiză atentă, având în vedere că până în prezent istoria orientului antic nu a oferit un subiect de anvergura intelectuală a revoluţiei religioase realizate de acest faraon, care reprezintă prima etapă în studiul concepţiilor umane avansate.

Paginile care vor urma pretind doar o familiarizare a cititorului cu acest subiect în lumina descoperirilor recente. Fondul de Explorare a Egiptului a publicat mai multe cărţi (N. de G. Davis, "Mormintele săpate în stâncă de la El Amarna", 5 volume) în care se găsesc reproduceri exacte ale reliefurilor, picturilor şi inscripţiilor găsite în interiorul mormintelor unor adepţi ai lui Akhenaton. În anul 1883 profesorul Flinders Petrie a instituit un sit arheologic în locul în care faraonul îşi fondase oraşul şi a publicat rezultatele muncii sale în cartea intitulată „Tel el Amarna".

Puţin înainte de începerea ultimului război, germanii au efectuat unele săpături în oraşul lui Akhenaton şi au descoperit, printre altele, atelierul unui sculptor în care se găseau mai multe opere de artă. Acestea se găsesc acum în Berlin. Imediat după război, Societatea de Explorare a Egiptului[2] (care s-a numit la început Fondul de Explorare a Egiptului) a început explorarea sitului respectiv şi a adus an după an la lumină minunile acelei epoci extraordinare din istoria Egiptului.

În anul 1906 profesorul J. H. Breasted a realizat în mod strălucit un studiu al acestei perioade în cărţile „Istoria Egiptului" şi „Registrele antice ale Egiptului" (publicate de Chicago University). Cu ajutorul acestor publicaţii şi cel oferit de Jurnalul Societăţii de Explorare a Egiptului, cititorul va descoperi restul bibliografiei legată de acest subiect. Acesta va trebui, însă, să ţină minte că descoperirea osemintelor lui Akhenaton, care au permis determinarea vârstei la care a murit (adică, aproximativ 30 de ani), au schimbat multe din concluziile lucrărilor timpurii privind acest subiect. Cei care au călătorit în Egipt, au vizitat probabil situl oraşului lui Akhenaton, localizat în apropierea satului El Amarna[3] şi au văzut probabil obiecte din perioada acestuia în muzeele din Cairo, Londra, Paris, Berlin, Viena, Leiden, etc..

În primii ani ai acestui secol au fost făcute multe descoperiri extraordinare în Valea Regilor din Teba. În anul 1903 a fost descoperit mormântul lui Tutmes[4] al IV-lea, bunicul patern al lui Akhenaton. În 1905 au fost descoperite mormintele bunicilor materni, Yuya[5] şi Thuya[6]. În 1907 a fost descoperită mumia lui Akhenaton (începutul lui 1907, Teba, de dl. Th. M. Davis şi echipa finanţată de el, sub supravegherea Departamentului Antichităţilor din Egipt, reprezentat de scriitorul dumneavoastră), în mormântul mamei sale, regina Tiy[7]. Iar în anul 1908 a fost adus la lumină mormântul faraonului Horemheb[8], unul dintre imediaţii succesori ai lui Akhenaton. Scriitorul acestor rânduri a avut şansa de a conduce lucrările care au produs aceste descoperiri (cu excepţia primei menţionate). Schiţa care urmează şi care a fost pregătită în cursul unei veri petrecute în Egiptul de Sus, este rodul interesului deosebit în privinţa perioadei respective generat de lucrările menţionate. Să fie clar, totuşi, că o carte scrisă în timpul liber, la umbra stâncilor de lângă Nil, în gări sau în trenuri, printre ruinele templelor antice şi în birourile oficiale în timpul orelor încinse ale zilei, nu poate pretinde valoarea unui tratat realizat într-un birou din Anglia, în care sunt mereu la îndemână cărţi de referinţă. Cu toate acestea, cred că nu au fost comise erori în cursul relatării, iar deducţiile prezentate sunt deschise în mod sincer criticii oricărui cititor. Va exista, cu siguranţă, o singură opinie în privinţa originalităţii, puterii şi idealismului faraonului a cărui viaţă va fi schiţată în continuare.

I. Părinţii şi bunicii lui Akhenaton

I.1 Strămoşii lui Akhenaton

Faraonii celei de-a XVIII-a dinastii au luat în stăpânire tronul Egiptului începând cu anul 1580 î.Hr., la mai bine de 1300 de ani după realizarea marilor piramide şi la aproximativ 2000 de ani de la începuturile istoriei dinastice în valea Nilului. Fondatorul Dinastiei a fost faraonul Amosis I[9]. Acesta a gonit popoarele asiatice care invadaseră ţara în timpul secolului precedent şi i-a urmărit până în inima Siriei. Succesorul său, Amenofis I[10], a ajuns până în zona situată între Orontes[11] şi Eufrat[12]. Următorul faraon, Tutmes I[13], a dus graniţele până în nordul Siriei, putându-se numi conducătorul întregului capăt de est al Mediteranei, împăratul tuturor ţărilor din Asia mică, până în Sudan. Următorul faraon, Tutmes al II-lea[13], a dus multe războaie în partea de sud a imperiului, iar succesoarea sa, faimoasa regină Hatşepsut[15], s-a putut dedica artelor păcii.

A fost urmată de un mare războinic, Tutmes al III-lea[16], care a condus mai multe campanii militare în Siria şi a ridicat Egiptul până unde nu mai fusese şi nu avea să mai fie vreodată. În fiecare an se reîntorcea în Teba, capitala Egiptului, încărcat cu pradă de război. Doar atunci când a cucerit oraşul Meghido[17], a adus 924 de care, 2238 de cai, 2400 de vite, 200 de armuri strălucitoare, inclusiv două care aparţinuseră unor regi şi multe alte articole neînsemnate. Prăzi de valoare asemănătoare fuseseră aduse şi din multe alte bătălii, iar vistieria Egiptului dădea pe-afară de atâtea bogăţii. Templele zeilor primeau partea lor din aceste bogăţii şi altarele lor gemeau sub greutatea ofrandelor. Cipru, Creta şi alte insule din marea Egee îşi trimiteau an de an tributul în Teba, capitală ale cărei străzi erau colindate de străini pentru întâia oară în istorie. Pe acolo se întâlneau asiatici cu robe lungi, încărcaţi cu bijuterii realizate de meşteşugarii din Tir[18], şarete bătute cu aur şi electrum trase de cai ţanţoşi sirieni, negustori fenicieni cu mărfuri preţioase luate de prin regatele de peste mare şi negri care îşi purtau comorile barbare la palat. Soldaţii

Egipteni pășeau semeț pe aceste străzi, pentru că erau temuți în lumea întreagă. Se discuta numai despre noi cuceriri. Relatările aventurilor din perioada aceea au fost la modă vreme de multe secole în Egipt. Se compuneau cântece de luptă, iar pe pereții templelor erau înscrise imnuri de război. Spiritul vremurilor se poate observa în următoarele versuri, în care zeul Amon îi vorbește lui Tutmes al III-lea:

„Am venit, ți-am dat prinții din Zahi să-i biruiești,
l-am aruncat sub călcătura ta, la ei acasă...
Ai trecut peste cei din Punt,
Le-am dat să-ți vadă măreția ca de stea...
Creta și Cipru tremură...
Cei din mijlocul întinsei mări-ți-aud vuietul;
Le-am dat să-ți vadă măreția de răzbunător,
Ce se înalță pe cei uciși...
Le-am dat să-ți vadă măreția de leu feroce,
Pe când tu făceai din ei cadavre, chiar în văi lor..."

Au fost timpuri grozave și splendide, zenitul marii istorii a Egiptului. Faraonul următor, Amenofis al II-lea[19], a continuat cuceririle cu o ferocitate nemaivăzută. Era un bărbat cu o putere fizică deosebită, putând trage cu un arc pe care niciun alt soldat de-al său nu-l putea întinde. Și-a condus armatele în provinciile neliniștite din Asia și după ce a prins șapte regi sirieni care se răzvrătiseră, i-a spânzurat cu capul în jos la prora galerei cu care se întorcea la Teba și mai apoi a sacrificat lui Amon pe șase dintre ei cu mâna lui. Pe cel de-al șaptelea l-a dus într-un oraș îndepărtat din Sudan, unde l-a spânzurat la poarta de intrare în chip de avertisment pentru rebeli. A murit în anul 1420 î.Hr. și a lăsat tronul fiului său Tutmes al IV-lea, bunicul lui Akhenaton, care avea aproximativ 18 ani în momentul succesiunii (v. pag. 71).

I.2 Zeii Egiptului

Odată cu începutul domniei lui Tutmes al IV-lea ajungem într-o perioadă a istoriei în care pot fi observate anumite schimbări în plan religios. Această tendinţă a căpătat claritate în timpul domniei fiului acestuia, Amenofis al II-lea şi în cel al nepotului său, Akhenaton. De aceea, trebuie să observăm îndeaproape evenimentele din această perioadă, acordând o atenţie deosebită conotaţiilor de tip religios. În vederea acestui lucru este necesară observarea religiilor momentului, astfel încât cititorul să poată aprecia, prin contrast, puritatea învăţăturilor faraonului a cărui viaţă va fi prezentată în paginile următoare. Pe atunci Egiptul reprezenta o naţiune civilizată de mai mult de 2000 de ani, perioadă de timp în care se dezvoltaseră aceste credinţe religioase. Acestea erau puternic înrădăcinate în inimile oamenilor, astfel încât eventualele schimbări, chiar şi cele neînsemnate, căpătau proporţiile unei revoluţii care necesita un iniţiator înzestrat şi o mână de fier pentru a fi pusă în practică. În perioada la care ne referim nu existau aceste elemente şi vechii zei Egipteni erau la zenitul puterii.

Amon, divinitatea conducătoare a oraşului Teba, era cel mai puternic dintre zeii respectivi. Fusese iniţial zeul tribal al locuitorilor din Teba, care ajunsese zeu-de-stat atunci când acest oraş devenise capitala Egiptului. Zeul soarelui, Ra sau Ra-Horakhti, iniţial zeul din Heliopolis, oraş situat în apropierea oraşului Cairo (modern), fusese zeul de stat şi preoţii lui Amon izbutiseră să identifice cele două zeităţi sub numele de „Amon-Ra, Rege al Zeilor". Amon avea mai multe forme. În mod obişnuit era privit ca om cu înfăţişare luminoasă, care purta pe cap o podoabă din aur din care ieşeau două pene lungi. Câteodată, totuşi, avea forma unui berbec cu coarne impunătoare. Altădată, apărea drept zeu-frate, numit Min, care avea să fie identificat mai târziu cu Pan, zeul grecilor. S-ar putea observa în treacăt că înfăţişarea (de ţap a) divinităţii grecilor poate deriva sau poate fi legată de acest Min-Amon din Teba. Amon lua ocazional forma faraonului în funcţie, atunci când acesta era plecat sau dormea şi intra sub forma respectivă în budoarul reginei. Se spunea că însuşi Amenofis al III-lea[20] ar fi fost conceput în urma unei astfel de vizite, deşi pe atunci acesta nu nega faptul că tatăl lui pământesc era Tutmes al IV-lea. Amon era bucuros de luptă şi îi ajuta cu plăcere pe faraoni atunci când aceştia îşi ciomăgeau inamicii sau la luau gâturile. Asemenea altor zei egipteni, este posibil să fi fost pur şi simplu o căpetenie zeificată din perioada preistorică, a cărei iubire pentru luptă nu fusese uitată.

Zeiţa Mut, "Mama", era consoarta lui Amon şi venea din când în când pe pământ sa alăpteze la pieptul ei fiul faraonului. A avut un fiu cu Amon, pe Khonsu, care era cel de-al treilea membru al trinităţii di Teba. Acesta era zeul Lunii şi era foarte frumos.

Aceştia erau zeii din Teba care aveau o mare influenţa asupra curţii regale. În plus, cultul soarelui din Heliopolis se bucura de o putere considerabilă la palat. Se credea că zeul Ra domnise pe pământ în calitate de faraon, cândva, în negura vremii şi se considera că suveranii Egiptului, în toată succesiunea lor, erau descendenţii săi direcţi, cu toate că această tradiţie nu era anterioară celei de-a V-a dinastii. "Fiu al Soarelui" era titlul cel mai de seamă al faraonilor şi numele fiecărui monarh conţinea în titulatură faptul că îl reprezenta pe Ra. În perioada petrecută pe pământ, Ra fusese muşcat de un şarpe şi fusese vindecat de zeiţa Isis[21], care ceruse în schimb să-i fie revelat numele magic al zeului. În cele din urmă acest nume i-a fost spus, însă temând faptul că acest secret ar fi putut ajunge la urechile supuşilor, Ra a decis distrugerea rasei umane. Aceasta a fost pusă în practică de zeiţa Hathor[22], în forma sa de Sekhmet, o femeie feroce cu cap de leu, căreia îi făcea mare plăcere să se scalde în şuvoaie de sânge. Însă, atunci când doar o jumătate din omenire fusese pierdută, Ra s-a căit şi a oprit masacrul, păcălind zeiţa cu o poţiune compusă din sânge şi vin şi îmbătând-o. În cele din urmă l-au plictisit grijile statului şi a hotărât să se reîntoarcă în ceruri. Acolo a luat forma Soarelui şi traversează zilnic bolta cerească. În zori era numit Khepera şi avea formă de cărăbuş. La amiază era Ra. Iar la apusul soarelui era numit Atum, un cuvânt legat probabil de „Adon" din siriană sau „Domn", mai bine cunoscut nouă în traducerea în limba greacă drept „Adonis". În calitate de soare la răsărit sau la apus, adică de soare aproape de orizont, era numit Ra-Horakhti, un nume pe care cititorul trebuie să-l ţină minte.

Zeița Isis, amintită mai sus, era consoarta lui Osiris, o zeitate minoră a Egiptului de Jos la început. Acest zeu domnise pe pământ asemenea lui Ra, dar fusese ucis de fratele său Set, moartea fiindu-i în cele din urmă răzbunată de fiul său Horus, șoimul. Osiris, Isis și Horus au format astfel o trinitate. Acest cult era puternic în Abydos, oraș al Egiptului de Sus în care se considera că fusese îngropat Osiris. După viața de pe pământ, Osiris devenise marea căpetenie a tărâmului morților și oamenii i se rugau pentru bunăstarea lor viitoare, după moarte.

Între timp, Horus, șoimul, devenise zeul tribal al mai multor orașe. În Edfu era venerat în calitate de învingător al lui Set și era soțul lui Hathor, doamna orașului Dendera, situat destul de departe[23] de Edfu. În Ombos[24], totuși, era venerat Set, iar din religia locală reieșeau cele mai bune relații de prietenie dintre Set și Horus. Zeița Hathor devenise patroana Dealurilor de Vest, iar într-una din formele sale pământești (anume, cea de vacă), este reprezentată des ieșind din peștera sa situată între stânci.

În orașul Memphis[25], zeu tribal era piticul Ptah (Vulcan în Europa), fierarul, meșteșugarul, olarul zeilor. În acest oraș, ca și în multe alte zone ale Egiptului, era venerat asemenea unei divinități un taur sacru numit Apis (în Memphis), fiind considerat un aspect al lui Ptah. În Elefantina[26] era adorată o divinitate cu cap de berbec, denumită Khnum. În templul său era ținut un berbec sacru în scopuri ceremoniale. Khnum avea o mare importanță în întregul Egipt, având legătură cu prima cataractă a Nilului, situată în apropiere de Elefantina. În plus, anumiți oameni considerau că folosise mâlul Nilului pentru a plăsmui prima ființă umană, fapt care-i găsea loc un loc în mitologia mai multor ținuturi.

Zeul tribal al orașului comercial Eileithiaspolis era vulturul numit Nekheb. Zeul orașului Ombos era Sebek, crocodilul feroce. Thoth, ibisul, era zeul orașului Hermopolis[27]. Bast, pisica sacră, era zeitatea orașului Bubastis[28]. Și așa mai departe, aproape fiecare oraș cu zeul său tribal. Pe lângă aceștia existau și divinități ceva mai abstracte: Nut (cerul, care se întindea sub chipul unei femei și forma bolta cerească), Seb (pământul), Shu (imensitatea spațiului), etc.. Vechii zei ai Egiptului erau într-adevăr mulți. Erau cei care mărșăluiau prin țară, în chip de căpetenii ale triburilor biruitoare. Erau eroii antici şi căpeteniile zeificate individual sau identificate dese ori cu zeul căruia i se închina respectivul trib. Erau personificările elementelor. Erau sferele cereşti, care puteau fi observate de om deasupra capului. Pe măsură intensificării şi generalizării contactelor dintre oraşe, credinţele au început să fie aliniate unele cu celelalte şi au fost dezvoltate mituri pentru explicarea discrepanţelor.

Aşadar, pe timpul lui Tutmes al IV-lea, cerurile erau înţesate de zei. Cititorul ar face însă bine să se obişnuiască cu figura lui Amon-Ra, zeul oraşului Teba, care stătea deasupra tuturor celorlalţi şi cu Ra-Horakhti, zeul Heliopolisului. În următoarele pagini, locuitorii mai neînsemnaţi ai Olimpului egiptean alt rol nu au, dacă nu de armată înfrântă, aruncată înapoi în întunecimea ignoranţei din care a ieşit.

I.3 Semizeii, spiritele şi preoţimea

Taurii şi berbecii sacri menţionaţi mai înainte erau rămăşiţe ale unui cult străvechi al animalelor, a cărui origine se pierde în obscuritatea preistoriei. Egiptenii se închinau multor animale. Aproape că fiecare oraş sau ţinut avea diferite animale cărora le era acordat un statut deosebit. Babuinul era sacru în Hermopolis şi în alte părţi ale Egiptului. La fel şi ibisul, care îl simboliza pe zeul Thoth. Pisicile erau sacre în Bubastis, reşedinţa zeiţei-pisică, Bast şi în multe alte ţinuturi. Crocodilii erau în general veneraţi, după cum se întâmpla şi cu mai multe specii de peşte de râu. Şarpele era şi el temut şi venerat. În linie cu acestă superstiţie, poate fi menţionat faptul că Amenofis al III-lea, tatăl lui Akhenaton, a dispus amplasarea unei statui a şarpelui Agathodaemon[29] într-un templu din Banha[30]. Cobra era venerată drept simbol al lui Uazet, zeiţa deltei Nilului, care fusese emblema regală a regilor antici şi devenise emblema principală în vremea faraonilor. Nu este necesar, cu această ocazie, să privim mai îndeaproape acest aspect al religiei egiptene şi foarte puţin trebuie spus în privinţa miilor de demoni şi spirite care înţesau tărâmurile necunoscutului alături de zei şi de animalele sacre. Multe reprezentau doar nume invocate de vrăjitori. Multe erau formele teribile pe care sufletele celor morți erau predispuse să le întâlnească. Osiris, marele zeu al morților, era servit de patru astfel de duhuri, iar nu mai puțin de 42 de demoni teribili erau sub comanda sa pentru a judeca sufletele înfricoșate. Porțile lumii de dincolo erau păzite de monștri ale căror simple denumiri semănau teroare în inimă și sufletul nefericit trebuia să repete formule magice nesfârșite și extrem de complicate înainte de a-i fi permis accesul.

Aceste armate ale cerurilor aveau bineînțeles nevoie de un număr foarte mare al preoților. Preoții lui Amon, din Teba, constituiau o organizație extrem de puternică și bogată care ajunsese, în linii mari, să aibă sub control chiar acțiunile faraonului. Marele Preot al lui Amon-Ra era una dintre cele mai importante persoane din Egipt și subordonații direcți ai acestuia, preotul al doilea, preotul al treilea și preotul al patrulea, după cum erau numiți, erau în general nobilii de rangul cel mai înalt. În perioada respectivă, Marele Preot al lui Amon-Ra era și Mare Vizir, reunind astfel cea mai înaltă funcție civilă cu cea mai înaltă funcție sacerdotală. Preoții lui Ra din Heliopolis constituiau, de asemenea, un corp cu o importanță deosebită, deși cu mult mai puțină influență în comparație cu preoții lui Amon. Marele Preot era cunoscut drept „Mărețul Viziunilor" și era probabil mai puțin politician și mai mult preot în comparație cu colegul său din Teba. Marele Preot al lui Ptah, din Memphis, era numit „Mărețul Meșteșugar-șef", Ptah fiind omologul egiptean al zeului Vulcan. Acesta totuși, ca și mulți alți mari preoți ai diferiților zei, nu se compara cu cei doi mari conducători ai preoților lui Amon și Ra.

I.4 Tutmes al IV-lea și Mutemwia

Atunci când Tutmes al IV-lea a urcat la tron, s-a confruntat cu o problemă politică deosebit de gravă. Preoții din Heliopolis se opuneau puterii lui Amon și încercau să refacă prestigiul zeului Ra care fusese în trecutul îndepărtat zeul suprem al Egiptului dar ajunsese, în mod supărător, de importanță secundară în comparație cu zeul din Teba. Tutmes al IV-lea, după cum va spune chiar Akhenaton în curând (pag. 66), nu era întru totul de acord cu caracterul politic al preoţimii lui Amon. Probabil din cauza acestei nemulţumiri a întreprins o renovare a Marelui Sfinx[31] din Giza, care era în grija preoţimii din Heliopolis. Se considera că sfinxul reprezintă o combinaţie a zeilor din Heliopolis, Horakhty[32], Khepera[33], Ra şi Atum (Atem sau Tem), care au fost menţionaţi mai sus. Potrivit unei tradiţii târzii, Tutmes al IV-lea obţinuse tronul în defavoarea fraţilor săi mai vârstnici cu ajutorul sfinxului, cum s-ar spune, cu ajutorul preoţilor din Heliopolis. Datorită lor i se spunea „Fiu al lui Atum şi Protector al lui Horakhty, ... cel care purifică Heliopolis-ul şi-l mulţumeşte pe Ra" (inscripţie de pe Sfinx). Se pare că preoţii respectivi aşteptau ca el să le redea puterea pierdută. Faraonul, totuşi, îşi consuma întreaga energie alături de armata sa, pe care o iubea nespus de mult şi pe care a condus-o în Siria şi în Sudan. Scurta sa domnie de puţin peste opt ani (din 1420, până în 1411 î.Hr.) marchează doar începuturile şovăielnice ale luptei dintre Amon şi Ra, luptă care avea să culmineze în anii de început ai domniei nepotului său, Akhenaton.

Cu ceva timp înaintea ascensiunii sale la tron, se căsătorise cu fata regelui din Mitanni[34], un regat din nordul Siriei care era un tampon (datorită acestei căsătorii) între posesiunile Egiptului din Siria şi teritoriile ostile din Asia mică şi Mesopotamia. Această prinţesă poate fi identificată aproape fără niciun dubiu cu regina Mutemwia[35], în cinstea căreia fuseseră înălţate mai multe monumente şi care a fost mama lui Amenofis al III-lea, fiul şi succesorul lui Tutmes al IV-lea. A fost astfel introdus un element străin în curtea regală egipteană, care i-a schimbat semnificativ caracterul şi a condus la numeroase schimbări radicale. Este posibil ca această influenţă asiatică să-l fi făcut pe faraon să încurajeze preoţii din Heliopolis. Zeul Atum sau Ra sub aspectul soarelui la asfinţit, avea probabil, după cum s-a spus, aceeaşi origine cu Aton[36], care era venerat în nordul Siriei. Din acest motiv, probabil, regina (şi suita sa) a fost mai apropiată de Heliopolis, decât de Teba. În plus, asiaticii aveau tendinţa de a specula în materie de religie, iar doctrinele preoţilor zeului din nord erau mai flexibile şi mai adaptabile decât crezul rigid şi formal al lui Amon. Este posibil, astfel, ca elementul străin care fusese introdus în Egipt şi mai cu seamă în palatul regal, să fi contribuit la apariţia nemulţumirilor în privinţa religiei de stat.

Se cunosc foarte puţine lucruri în ceea ce priveşte caracterului lui Tutmes al IV-lea şi nu se poate determina niciun element care să-l fi influenţat pe nepotul său, Akhenaton. Deşi avea o sănătate precară şi un fizic mai de grabă plăpând, acesta încuraja cu tărie atitudinea războinică a Egiptului. Îi făcea mare plăcere să cinstească memoria faraonilor din trecut, faimoşi pentru realizările în materie de război. Pe acestă linie, a restaurat monumentele lui Tutmes al III-lea (din Karnak), Amosis I (din Abydos) şi Sesostris al III-lea[37] (din Amada), cei trei mari conducători militari din istoria Egiptului. Scene care-l înfăţişau zdrobind-şi duşmanii decorau carul său de luptă, iar atunci când a murit, i-au fost îngropate alături multe arme. Nu avem nicio informaţie în privinţa reginei Mutemwia şi putem trece la bunicii materni ai lui Akhenaton, la tatăl şi la mama reginei Tiy.

I.5 Yuya şi Thuya

În jurul anului 1470 î.Hr., pe când marele Tutmes al III-lea desfăşura o campanie militară în Siria, s-a născut copilul destinat să devină bunicul celui mai faimos dintre toţi faraonii Egiptului. Nu sunt cunoscute numele părinţilor şi nici locul naşterii, iar cititorul va afla în cele ce urmează că nu este uşor de stabilit dacă respectivul copil era egiptean sau străin. Numele acestuia este scris Aau, Aay, Aai, Ayu, A-aa, Yaa, Yau şi de cele mai multe ori, Yuaa (Yuya). Toate aceste variante ale numelui par să indice faptul că pronunţia, având în vedere că era străină, nu permitea o traducere exactă în caractere egiptene. Avea aproximativ 20 de ani atunci când a murit Tutmes al III-lea şi este posibil ca el să fi fost unul dintre prinţii pe care faraonul îi adusese în Egipt de la curţile regale din Asia pentru a primi o educaţie de tip egiptean. Este posibil ca unii dintre aceşti ostatici, care nu erau moştenitori direcţi ai tronului Siriei, să se fi mutat în ţara Nilului, unde se stabiliseră deja cu siguranţă mulţi conaţionali de-ai lor pentru afaceri sau din alte motive. La moartea faraonului următor, Amenofis al II-lea, Yuya ajunsese probabil la vârsta de 45 de ani. Era căsătorit cu o femeie care purta un nume egiptean comun, Thuya, ceea ce nu lasă dubii în privința naționalității acesteia. Împreună cu aceasta a avut doi copii, un băiat pe nume Aanen și o fată, pe nume Tiy, care avea să devină marea regină. Probabil că Tiy avea doar doi ani atunci cânt Tutmes al IV-lea a urcat la tron. Având în vedere că părinții săi erau niște obișnuiți ai curții regale, ea a luat repede contact cu luxul regesc, care i-a marcat copilăria și întreaga viață.

În perioada respectivă Yuya era preot al lui Min, unul dintre cei mai vechi zei ai Egiptului. Min, care avea multe caracteristici ale zeului Pan al grecilor cu care avea să fie identificat ulterior, era venerat în trei sau patru orașe ale Egiptului superior și în toată zona de est a Nilului, până la coasta mării Roșii. Era un zeu al fertilității și reproducerii oamenilor, animalelor și plantelor. În forma sa Min-Ra, era un zeu al soarelui, ale cărui raze făceau fertil întreg pământul. Era mai nobil decât Pan al grecilor și reprezenta dorințele curate de fertilitate din sânul familiei, nu instinctul erotic pentru care era renumit zeul grecilor. Dacă ar fi comparat cu zeii țărilor vecine cu Egiptul, i s-ar descoperi asemănări cu Adonis, care era un zeu al vegetației în nordul Siriei și cu mulți alți zei. Acest lucru dă de gândit, întrucât, dacă Yuya era un străin și se trăgea, după cum e de presupus, din Siria, atunci, pe lângă Min, l-ar mai fi putut venera doar pe Atum (din rândul zeilor egipteni). Min nu era, în fond, protectorul și susținătorul drepturilor și prejudecăților egiptene, chiar dacă era un zeu tribal. Era, oricum, universal și probabil că atrăgea din toate punctele de vedere atât sirieni, cât și egipteni.

În acel timp, așa cum am văzut, preoții lui Amon (în rândul cărora bogăția zămislise corupția) începuseră să producă nemulțumiri faraonului, iar curtea regală începuse să dea semne că ar fi dorit să înlăture această influență, care-și pierdea treptat caracterul solemn. Este posibil ca Yuya, care susținea doctrinele lui Min și Adonis, să fi avut legătură cu această mișcare, întrucât devenise o persoană cu influență considerabilă la palat. Probabil deținea deja titlul de prinț sau duce, care îi este atribuit în inscripțiile funerare și este de presupus că era un favorit al tânărului faraon Tutmes al IV-lea și al soției acestuia, regina Mutemwia, sângele cărora avea să se unească curând cu al său în persoana lui Akhenaton. Atunci când Tutmes al IV-lea a murit (la vârsta de 66 de ani) şi fiul său, Amenofis al III-lea, un băiat în vârstă de 12 ani, a urcat la tron, Yuya avea peste 50 de ani, iar fiica sa, Tiy, era la o vârstă la care putea fi măritată conform standardelor egiptene, având în vedere că avea în jur de 10 ani (Vârstele lor vor fi discutate la paginile 72 şi 107).

În acel moment, curtea regală era în regenţa reginei Mutemwia, care se bucura de aportul consilierilor săi, pentru că Amenofis al III-lea era încă prea tânăr pentru a avea mână liberă. Este evident faptul că Yuya făcea parte dintre consilierii respectivi. La aproximativ un an de la urcarea la tron, Amenofis a fost căsătorit cu Tiy. A avut loc o ceremonie fastuoasă şi Yuya şi Thuya au devenit mândrii socri ai faraonului.

Este necesar să analizăm semnificaţia acestei căsătorii. Cuplul regal era format din persoane de vârstă fragedă şi nu se poate presupune că mariajul nu le fusese aranjat de persoanele sub tutela cărora se găseau. Dacă Amenofis s-ar fi îndrăgostit pur şi simplu la vârsta respectivă de această fată alături de care crescuse, ar fi insistat să se căsătorească cu ea, iar aceasta ar fi fost introdusă în haremul lui. Însă ea a devenit marea lui regină, a fost aşezată pe tron alături de el şi a fost încărcată cu onoruri mai presus de orice altă regină de dinaintea ei. Cu siguranţă, consilierii faraonului nu ar fi permis acest lucru dacă Tiy ar fi fost doar fata frumoasă a unui nobil de la curtea regală. Trebuia sa existe ceva în obârşia ei care să o îndreptăţească pentru primirea onorurilor respective şi a poziţiei de regină.

Sunt mai multe posibilităţi. Thuya putea fi de sânge regal, putea fi, de exemplu, nepoata lui Tutmes al III-lea, cu care împărtăşea unele trăsături faciale. Regina Tiy este numită adesea „Fiică Regală" şi „Consoartă Regală", iar sensul poate fi unul literal. Într-o scrisoare trimisă de Duşarata, regele din Mitanni, lui Akhenaton, Tiy este numită „sora mea şi mama ta". Cuvântul „soră" este posibil să indice o înrudire generală a feţelor regale, dar este mai probabil să desemneze o legătură reală, întrucât în scrisoare sunt menţionate şi alte tipuri de înrudire, cum ar fi „soţie", "fiică" şi „socru". Poate că Yuya aparţinea indirect unei familii regale egiptene sau poate că provenea dintr-o familie regală din Siria,

Mitanni de exemplu, legată de faraon prin căsătorie. Este astfel posibil ca Tiy să fi avut un drept îndepărtat la tron şi Duşarata să fi avut un motiv real pentru a o numi sora sa. Regina Tiy a fost, totuşi, numită des străină în baza unor motive greşite şi trebuie să avem mare grijă în privinţa acestei poziţii. A fost menţionat faptul că trăsăturile sale faciale se încadrează în tipologia nord-siriană (Petrie, "History", II, pag. 183. Portretul pe care se bazează această afirmaţie l-ar putea reprezenta, totuşi, pe Akhenaton. Gura şi bărbia se aseamănă foarte mult cu cele ale lui Yuya. Dar amândoi seamănă cu Amenofis al III-lea. Oricum, astfel de elemente nu sunt determinante.). Având în vedere că portretul pe care se bazează această afirmaţie aduce aminte de Yuya (cu excepţia nasului), ea prezintă trăsături asemănătoare şi cu alte persoane din zona respectivă. Trebuie amintit cu această ocazie, că mariajul dintre Tiy şi Amenofis a avut loc sub regenţa lui Mutemwia, ea însăşi (probabil) o prinţesă din nordul Siriei. Oricum, cei doi copii, care nu ajunseseră încă la adolescenţă, au condus Egiptul împreună, cu consilierea lui Yuya şi Thuya.

    În perioada respectivă Thuya a adăugat titlurilor sale şi pe acelea de „Slujitoare regală" sau Doamnă de onoare a reginei, "Favorita lui Hathor", "Favorita faraonului" şi „Mama regală a marii consoarte a faraonului", titlu ce poate indica faptul că era de sânge regal. Dintre titlurile lui Yuya, merită să fie menţionate acelea de „Stăpân al calului şi conducător al carului de luptă al faraonului", "Favoritul, peste toţi favoriţii" şi „Gura şi urechile faraonului", adică agentul şi consilierul acestuia. Era o persoană cu o prezenţă impunătoare, căreia i se citea pe chip tăria de caracter. Trebuie să ni-l închipuim ca pe un bărbat înalt, cu părul alb şi stufos, nas acvilin impunător de tip sirian, buze cărnoase, bine conturate şi maxilar proeminent, bine conturat. Avea chipul unui membru al clerului, iar la vederea acestor trăsături poţi simţi că el este iniţiatorul marii reforme religioase care avea să fie întreprinsă de fiica sa şi de nepotul său.

I.6 Amenofis al III-lea și curtea sa regală

Pe lângă Yuya, Thuya și regina moștenitoare, Mutemwia, a mai fost un nobil, pe nume Amenofis-fiu-al-lui-Hapu[38], care este posibil să fi exercitat o influență considerabilă asupra tânărului faraon. Acesta era un om atât de bun și de înțelept, încât ajunsese să fie considerat aproape o divinitate spre sfârșitul vieții. Vorbele sale erau transmise din generație în generație. Este posibil ca el să fi încurajat preoțimea din Heliopolis, în detrimentul preoților lui Amon. Trebuie menționat faptul că în inscripția de pe statuia sa, el se referă la faraon drept „urmaș al lui Atum" și „întâiul-născut fiu al lui Horakhti", zei ai Heliopolisului. Când Tiy a născut o fetiță, care a fost numită Sitamun[39], acest filosof a primit postul onorific de „supraveghetor" al prințesei. Pe lângă alte funcții pe care le ocupa la curtea regală, era și un fel de Ministru al Operelor Publice. Influența sa, influența unui „înțelept", era deosebită în perioada respectivă, în care începuse să se dea frâu liber speculațiilor religioase și dacă ar fi găsite însemnări ale învățăturilor sale, multe dintre acestea ar avea probabil legătură cu schimbările religioase care s-au produs pe-atunci. O legendă târzie ne relatează faptul că acest Amenofis i-ar fi spus faraonului că trebuie să gonească din împărăție persoanele impure dacă vrea să-l vadă pe Dumnezeu-adevărat. Se pot observa aluzii la corupția preoților lui Amon, a căror înlăturare din funcții devenise o necesitate. Iosephus leagă această legendă de Exodul evreilor din Egipt și este posibil ca săpăturile arheologice executate în prezent (1922) de Societatea de Explorare a Egiptului în situl vechiului oraș ridicat de Akhenaton să aducă la lumină elemente care să întărească impresia generală de acum, anume, că Exodul a avut legătură cu întâmplările ce urmează a fi descrise în paginile următoare.

În perioada respectivă Egiptul se găsea încă în zona de maxim a puterii, unde fusese purtat de abilitățile militare ale lui Tutmes al III-lea. Suveranii din Palestina și din Siria plăteau tribut tânărului faraon. Prinții orașelor costiere își trimiteau dările anuale în Teba. Cipru, Creta și chiar insulele grecești se aflau sub influența Egiptului. Sinai și coasta mării Roșii, până în Somaliland, făceau parte din posesiunile faraonului, iar triburile de negri din Sudan erau rezervorul său de sclavi. Egiptul era cel mai mare stat din lume și Teba era o metropolă în care se întâlneau ambasadori, negustori și artizani veniți de pretutindeni. Acolo puteau admira construcții la care nici nu se visa în ținuturile lor și găseau un nivel al luxului străin chiar și Babilonului. Bogăția Egiptului era atât de mare încât un suveran străin care i-a scris faraonului pentru a-i cere niște aur, a adăugat faptul că valoarea respectivă ar fi fost oricum considerată doar praf de către orice egiptean. Masa faraonului și nobililor săi era încărcată cu vase din aur, iar în temple erau folosite sute de vase din aur de diferite tipuri.

Splendoarea și veselia de la curtea regală din Teba aduc în minte basmele din „O mie și una de Nopți". O succesiune de banchete, festivaluri fastuoase, jubilee și partide de vânătoare. Ni se prezintă o viață splendidă atunci când reunim mental scenele reprezentate pe monumente și reconstruim ruinele. Fastul reprezenta epoca respectivă și nu constituia neapărat ceva derivat de la vreun regim precedent. Egiptenii reprezentaseră mereu un popor vesel și lipsit de griji. Dar cuceririle lui Tutmes al III-lea aduseseră o siguranță și o bogăție care ar fi permis orice lux posibil. Națiunea avea tendința de a se îndepărta de vechile tradiții egiptene, care supraviețuiseră vreme îndelungată și probabil că doar preoții lui Amon mai încercau să o mențină sub vechiul convenționalism. Dar, în timp ce faraonul și membri curții regale trăiau în manieră somptuoasă, zeul Amon și reprezentanții acestuia se înălțau deasupra lor ca o arătare sumbră, reclamau partea lor din bogăția regală și încercau să-i păstreze subjugați unei religii pe care cei dintâi o considerau învechită.

Atunci când s-a căsătorit, faraonul Amenofis a construit un palat pe malul de vest al Nilului, la marginea deșertului, sub dealurile Tebei. Acolo își ținea regina Tiy curtea sclipitoare. Palatul avea o structură ușoară și spațioasă, era realizat din cărămidă și lemn scump, conținea decorațiuni excelente, picturi și coloane grațioase. Pe o latură, avea un balcon pe care se întindeau covoare și perne multicolore. Uneori, supușii își puteau vedea acolo faraonul. Palatul era înconjurat de grădini și nu departe de porțile sale se ridicau dealuri superbe. Faraonul a dispus ulterior ca în partea de est a clădirii să fie amenajat un lac de agrement, special pentru

Tiy. Cu pământul care a fost excavat au fost realizate niște dealuri neregulate, care au fost acoperite cu arbori și flori. Regina plutea în barca sa de agrement, pe care o denumise „Aton-scânteiază" în onoarea zeului Heliopolisului. Numele Aton avea probabil o legătură îndepărtată cu Siria. După cum am văzut, în Egipt soarele la asfințit era numit Atum și avea probabil legătură cu Adon sau Adonis din Asia. Iar acum găsim pentru întâia oară în Egipt numele Aton drept sinonim al lui Ra-Horakhti-Khepera-Atum din Heliopolis, nume folosit de egipteni vreme îndelungată pentru a desemna discul solar. Unul dintre regimentele faraonului avea să fie numit Aton în onoarea acestui zeu și același nume începea să fie înscris și pe unele monumente. Curtea regală conferea astfel importanță, încet, încet, unui zeu cu nume nou, strâns legat de zeii din Heliopolis și se poate presupune că preoții lui Amon urmăreau aceste schimbări cu mare neliniște. Faraonul nu părea preocupat prea mult de chestiuni religioase. Era, se pare, ahtiat după plăcere și vânătoarea îl interesa la fel de tare ca palatul regal. Îi plăcea să se mândrească cu faptul că în primii 10 ani ai domniei sale omorâse 102 lei. Având, însă, în vedere că era doar un copil atunci când a început această practică, este de presupus că nobilii săi îl ajutau semnificativ, cu fiecare ocazie. Se spune că într-o singură zi a ucis 56 de vite sălbatice și câteva zile mai târziu, alte 20. Și de această dată, însă, este de presupus că-i aparține gloria, nu fapta.

În cel de-al cincilea an al domniei sale au avut loc revolte în unele triburi din Sudan. Faraonul a organizat o campanie militară și a documentat cu mândrie măcelul pe care l-a provocat. Este scris că negrii respectivi „erau semeți și inimile le erau pline de măreție, dar leul-fioros, acest prinț, i-a ucis la comanda lui Amon-Atum". Este interesant de observat că Atum este pe picior de egalitate cu Amon, fapt din care se poate înțelege orientarea opiniei publice. În perioada respectivă, Vizirul[40], un anume Ptahmose, deținea și funcția de Mare Preot al lui Amon. Când acesta a murit, însă, noul conducător al preoților lui Amon nu a preluat și funcția de vizir, așa cum ar fi fost normal. Faraonul a numit un nobil pe nume Ramose în funcția de prim-ministru și a separat astfel puterea civilă de cea religioasă, un pas care ne prezintă încă un element al mișcării de reducerea a puterii lui Amon.

Se pare că regina Tiy i-a dăruit mai multe fete faraonului şi, probabil, un singur fiu. Dacă a fost astfel, acesta a murit în copilărie şi nu mai exista un alt moştenitor al tronului. Parţial din acest motiv, probabil, Amenofis al III-lea s-a căsătorit în cel de-al zecelea an de domnie cu prinţesa Kirgipa sau Gilukhipa[40], fiica regelui din Mitanni şi probabil nepoata reginei moştenitoare, Mutemwia (Breasted, "Însemnări", II, pag. 865, nota h.). La venirea în Egipt, prinţesa a fost însoţită de 317 doamne de onoare. Pare, totuşi, să fi fost împinsă în planul doi de Tiy, care este denumită soţia principală a faraonului chiar şi în documentul oficial al noii căsătorii. Este posibil ca noua căsătorie să fi avut doar motivaţii politice, cum se întâmplase şi în cazul lui Tutmes al IV-lea. Nu există, oricum, niciun document care să ateste naşterea unui copil, în cazul Gilukhipei. Aceasta şi doamnele sale de onoare au adăugat încă un element străin vieţii de la palat şi astfel a sporit numărul acelora care nu simpatizau vechii zei din Teba.

Yuya, tatăl lui Tiy, a murit în jurul anului 1390 î.Hr., iar Thuya l-a urmat curând. Au fost înmormântaţi în Valea Regilor din Teba şi este pentru întâia oară când persoane fără sânge regal sunt îngropate într-un mormânt mare, în valea respectivă. În jurul sarcofagelor extraordinare în care odihneau mumiile acestora au fost dispuse multe elemente funerare, în rândul cărora se găsesc şi unele obiecte care fuseseră în mod evident dăruite de faraon, regină şi tinerele prinţese, Setamon şi o alta, numele căreia nu s-a păstrat. Yuya şi soţia sa fuseseră, în mod clar, foarte îndrăgiţi la curtea regală, iar în calitate de părinţi ai reginei în funcţie, se bucurau de respectul tuturor. Pentru noi, aceştia sunt bunicii marelui învăţător, Akhenaton, cu a cărui naştere vom continua.

II. Naşterea şi copilăria lui Akhenaton

II.1 Naşterea lui Akhenaton

Regina Tiy îi dăruise mai mulţi copii faraonului, după cum am arătat, însă viitorul monarh avea să se nască doar după aproximativ 25 de ani de domnie. Cu trecerea anilor, probabil că regina îşi dorea din ce în ce mai tare un fiu şi multe trebuie să-i fi fost rugăciunile înălţate în această privinţă. În Egiptul zilelor noastre (1922), dorinţa de a naşte fii stăpâneşte inima fiecărei tinere, iar cele cărora acest privilegiu întârzie să le fie acordat ies din legea Profetului şi adresează rugăminţi înflăcărate vechilor zei. Scriitorul dumneavoastră a fost rugat de un ţăran tânăr să i se permită soţie sale să meargă în jurul zidului unui templu antic în speranţa de a fi învrednicită să conceapă un fiu. Cu o altă ocazie trei tinere au fost observate atingând soclul unei statui răsturnate a lui Ramses cel Mare în acelaşi scop. Cu sentimente similare, dar cu mai multă inteligenţă, regina Tiy trebuie să se fi adresat diferitor zei, promiţând felurite daruri în schimbul îndeplinirii dorinţei sale. Se pare că cel mai aprins s-a rugat la Ra-Horakhti Aton şi probabil, după cum vom observa curând, a făgăduit că dacă ar fi avut un fiu, l-ar fi consacrat slujirii zeului respectiv.

Micul prinţ a văzut probabil lumina zilei în palatul regal din Teba, situat la marginea deşertului, acolo unde încep să se ridice dealurile de vest. După cum am spus, era o clădire întinsă, o construcţie uşoară, cu decoraţiuni vii. Pe tavanele şi pardoselile sălilor sale erau reprezentate scene cu animale. Vite sălbatice colindau mlaştinile cu stuf sub piciorul regal, iar în ape înotau peşti multicolori. Deasupra capului, stoluri de porumbei traversau încăperea pe fondul cerului albastru şi raţe sălbatice zoreau către ferestrele deschise. Prin perdelele intrărilor se întrezăreau grădinile cu flori străine, iar în partea de est a palatului strălucea lacul de agrement înconjurat de arbori aduşi din Asia.

În lumea largă, puţine locuri sunt mai frumoase decât cel în care este amplasat acest palat. Poţi sta ore întregi urmărind trecerea culorilor pe stâncile semeţe, rozul şi galbenul rocilor desprinzându-se din albastrul și purpuriul umbrelor adânci. Scena câmpului care înconjoară acum ruinele palatului oferă o impresie de culoare, frumusețe și o voioșie, dacă poate fi exprimată astfel, care nu este ușor de egalat. Continua strălucire a soarelui și îmbrățișarea vântului aduc o conștientizare intensă a bucuriilor naturale și simți, într-adevăr, că a fost un loc potrivit pentru nașterea unui rege care și-a învățat poporul să cerceteze frumusețile naturii.

II.2 Ascensiunea lui Aton

Micul prinț a fost numit Amenhotep (avea să se numească Akhenaton din cel de-al șaptelea de domnie) sau, așa cum a fost mai târziu transcris de greci, Amenofis „Pacea-lui-Amon", după tatăl său. Cu toate că numele pare să consfințească supremația lui Amon, se pare că zeul Heliopolisului era considerat protectorul băiatului. În timp ce curtea regală jubila cu ocazia nașterii viitorului faraon, preoții lui Amon-Ra se uitau probabil pieziș la copilul destinat să le devină domn. Acești preoți cereau încă supunere în fața convențiilor lor rigide și învechite și refuzau să recunoască creșterea înclinației către speculația religioasă.

Preoții ar fi adoptat, probabil, măsuri mai energice în fața creșterii puterii lui Ra-Horakhti, dacă Ra nu ar fi reprezentat o formă a lui Amon, fiind chiar identificat cu acesta sub numele de Amon-Ra. Zeul Amon fusese la început zeul local din Teba, iar atunci când faraonii din Teba celei de-a XVIII-a dinastii l-au ridicat la rangul de zeu al întregului Egipt, l-au făcut să fie acceptat în diferitele provincii, indentificându-l cu Ra, zeul-soare, care se găsea sub o formă sau alta în fiecare templu și deținea rang înalt în toate variantele mitologiei. În calitate de Amon-Ra, a fost recunoscut de adoratorii soarelui din Siria și de cei din Nubia, întrucât erau foarte puține grupuri care nu se închinau mărețului dătător de lumină și căldură.

Este posibil ca acei membrii ai curții regale care încercau din umbră subminarea influenței preoților lui Amon și care începeau să pună în aplicare planurile de emancipare pe care le-am observat deja, să fi încercat mai nou să-l disocieze pe Amon de soare. Întrucât toţi, cu excepţia celor din Teba, îl acceptau pur şi simplu în baza acelei identificări. Preoţii pe cealaltă parte, după cum este de presupus, ilustrau prin toate mijloacele legătura zeului lor cu Ra, întrucât ştiau că niciun alt zeu, cu excepţia celui din Heliopolis, nu ar fi putut fi propus cu succes drept rival al lui Amon de către cei care doreau detronarea zeului din Teba. Descoperim că Marelui Preot al lui Ra din Heliopolis îi fusese dată sau fusese probabil obligat să accepte funcţia onorifică de Preot Secund al lui Amon din Teba (Statuia sa se găseşte în muzeul din Torino; a se vedea şi Erman, "Viaţa în Egipt", pag. 297), fapt care-l situa sub controlul Marelui Preot din Teba. Susţinătorii noii orientări au răspuns, totuşi, acestei mişcări acordând o mai mare atenţie, nu lui Ra-Horakhti, ci lui Aton, care reprezenta doar o formă mai subtilă zeului-soare. Preoţii lui Amon împiedicaseră mereu dezvoltarea individuală a lui Ra-Horakhti, considerându-l doar un aspect al lui Ra, prin urmare, al lui Amon-Ra. Una dintre caracteristicile esenţiale ale noii mişcări religioase era considerarea lui Ra, ca aspect al lui Ra-Horakhti şi referirea la Ra-Horakhti cu numele necontaminat, Aton. De fapt, la început Aton fusese introdus în bună măsură cu scopul de a împiedica orice identificare între Amon-Ra şi Ra-Horakhti. Curând numele Aton, care înlocuise în totalitate numele Atum, avea să fie folosit frecvent în Teba şi în alte locuri, de fiecare dată, însă, ca variantă a numelui Ra-Horakhti.

Este de înţeles dorinţa curţii regale de schimbare religioasă. Cultul zeului Amon, după cum a fost spus, se baza pe convenţionalism, ceea ce făcea din acesta o doctrină închisă. Clasele sociale înalte, după cum am văzut, traversau o perioadă aflată sub semnul speculaţie religioase şi erau gata de revoltă în faţa dominaţiei preoţimii, care interzicea orice formă de critică. Venerarea puterii intangibile a soarelui sub numele de Aton oferea posibilităţi nelimitate tendinţelor orientate către abstract care începeau să se facă simţite peste tot în lumea civilizată. Aceasta a reprezentat prima perioadă filosofică a omului şi pentru întâia oară în istorie zeilor le erau atribuite caracteristici idealizate.

Dincolo de problemele religioase, preoţimea lui Amon obţinuse o asemenea putere şi bogăţie, încât devenise o ameninţare extrem de serioasă la adresa tronului. Organizaţia impunătoare cu sediul în Karnak[41] devenise un coşmar pentru stat. De aceea, fie şi numai din motive politice, era dezirabilă împingerea preoţimii din Heliopolis într-o poziţie mai importantă.

În plus, mai exista şi un al treilea motiv. Era de aşteptat ca Aton, cu care Ra şi Ra-Horakhti începuseră să fie identificaţi, să fie acceptat pe scară largă având în vedere că era un zeu cu caracter universal. Aşadar, susţinătorii noii doctrine visau probabil la un imperiu Egipto-Sirian, unit de o religie comună. Ce putere s-ar fi putut măsura cu un imperiu care avea un singur zeu, înţeles şi venerat de la cataractele Nilului, până la îndepărtatul Eufrat?

Cu această ocazie se cuvine o sugestie interesantă, deşi subiectul nu poate fi dus prea departe din cauza lipsei de informaţii. După cum se va observa în paginile următoare, cultul lui Aton care începuse în Heliopolis avea să devină un monoteism solemn. Dar Heliopolis era oraşul antic On, în care Moise deprinsese „înţelepciunea egiptenilor" şi, prin urmare, ar fi putut exista unele legături între religia evreilor şi cea a lui Aton.

II.3 Puterea reginei Tiy

În Amenofis al III-lea poate fi văzut un oriental indolent şi speculativ, prea mândru pentru a suporta rutina aspră impusă de strămoşi şi totuşi lipsit de energia necesară pentru formularea unei noi religii. Pe de altă parte, există toate motivele pentru a presupune că regina Tiy avea capacitatea de a întipări noile concepţii în mintea soţului său şi de a-l face să treacă, alături de curte sa regală, de la cultul întunecat al lui Amon, la cultul strălucitor al soarelui. Cei care au vizitat Egiptul realizează supremaţia soarelui în această ţară. Cerul albastru, rocile strălucitoare, deşertul de aur, câmpiile înverzite, toate par să strige de bucurie sub strălucirea soarelui. Energia extraordinară care poate fi simţită în Egipt la răsăritul soarelui şi melancolia profundă care însoţeşte uneori roşul din căderea nopţii, trebuie să fi fost simţite şi de Tiy în palatul său din Teba.

Puterea şi influenţa reginei Tiy au sporit odată cu trecerea anilor. După ce i-a născut un fiu faraonului, marelui său titlu de consoartă regală i-a fost adăugat rolul, la fel de important, de mamă regală. Nicio altă regină nu mai fusese reprezentată pe toate monumentele faraonului. Nici nu mai fuseseră conferite atât de multe titluri regale altei regine. Faraonul a ridicat un templu în onoarea ei în Serdenga, departe, în Sudan, iar în Sinai a fost descoperit recent un portret al acesteia. Aceia care au vizitat Teba, i-au putut observa reprezentările situate pe picioarele celor doi coloşi de la marginea deşertului de vest. Iar aceia care au vizitat muzeul din Cairo, au putut admira statuile de mari dimensiuni care o reprezintă alături de soţul său. Nimic despre Gilukhipa[42] şi celelalte consoarte ale faraonului. Regina Tiy le-a trimis în plan secund aproape înainte de încheierea ceremoniilor respectivelor căsătorii.

După aproximativ 30 de ani de domnie, Amenofis al III-lea nu mai acorda atenţie deosebită treburilor statului şi puterea trecuse aproape în totalitate în mâinile capabile ale reginei Tiy. Începuse să se facă simţită o influenţă care putem presupune că-i aparţinea. Ra-Horakhti şi Aton fuseseră aduşi în plan principal, se dezvolta un mod de gândire care nu mai era pur-egiptean, arta trecuse prin unele schimbări şi ajunsese la un nivel care nu mai fusese atins şi nici nu avea să mai fie atins vreodată. Basoreliefurile superbe de la sfârşitul domniei lui Amenofis al III-lea, de exemplu, cele care pot fi admirate în Teba, în mormintele lui Khaemhet[43] şi Ramose[44] (descoperite chiar de scriitorul dumneavoastră), care aparţin amândouă acelei perioade, aproape că dau emoţia operelor marilor maeştrii ai Renaşterii timpurii. Graţia fină a siluetelor sculptate acolo, deşi foloseşte un alt mediu de exprimare şi alte reguli stilistice, produce o emoţie asemănătoare celei simţite în faţa operelor lui Filippino Lippi[45] şi Botticelli[46]. Astfel de nestemate au fost trecute cu vederea în marea masă a picturii şi sculpturii egiptene, iar publicul nu le apreciază la justa valoare. Scriitorul dumneavoastră îndrăzneşte, însă, să creadă că într-o bună zi acestea vor face să danseze inimile iubitorilor de artă, aşa cum dansau acelea ale marilor maeştri ai reginei Tiy.

Curtea regală în care micul prinţ şi-a petrecut primii ani ai vieţii era mai strălucitoare ca niciodată, iar regina Tiy prezida splendida scenă.

Amenofis al III-lea fusese denumit pe bună dreptate „Magnificul" și în nicio altă perioadă, cu excepția celei ale lui Tutmes al III-lea, vistieriile nu fuseseră mai pline și nici nobilii mai avuți. Din mijlocul festivităților, dintre cântece și râsete, micul prinț cu ochii triști urcă pe scena istoriei condus de regina Tiy. Și când ne apare înainte, dincolo de clinchetul cupelor din aur, dincolo de sunetul tamburinelor, pare să se audă ritmul unui alt cântec, mai simplu, însoțit de trilul dulce al ciocârliei.

II.4 Căsătoriile lui Akhenaton

În ultimii ani ai domniei sale, deși în vârstă de doar 40 și ceva de ani (mumia sa indică faptul că avea cel mult 50 de ani), faraonul pare să fi fost mai tot timpul bolnav. În speranța însănătoșirii sale regele din Mitanni trimisese de câteva ori în Egipt o statuie făcătoare de minuni a zeiței Iștar. Probabil că faraonul nu avusese niciodată o constituție fizică puternică. Se născuse atunci când tatăl său (extrem de firav, la rându-i) era doar un copil, nu se bucurase de o constituție fizică robustă în perioad matură și transmisese copiilor săi această slăbiciune a organismului. Nu mai aflăm nimic despre fiicele sale, pe care le văzusem plângând pierderea bunicilor lor, Yuya și Thuya și este posibil ca ele să fi murit când erau tinere. Micul prinț Amenofis avea o constituție fizică fragilă, iar craniul său prezenta deformații. Din când în când trecea, probabil, prin crize epileptice. Regina Tiy a mai născut o fetiță, pe care a numit-o Baketaton în cinstea noului zeu. Aceasta pare să fi trăit mai puțin de 20 de ani, întrucât nu mai este menționată după vârsta de 12 sau 13 ani.

Amenofis a fost probabili extrem de neliniștit în privința succesiunii la vârsta de 48 sau 49 de ani, atunci când a început să-și simtă sfârșitul aproape. Avea un singur fiu, în vârstă de 11 sau 12 ani pe atunci, iar starea acestuia de sănătate nu părea să-i permită să ajungă prea departe și dacă s-ar fi întâmplat să moară, nu ar mai fi fost niciun moștenitor direct al tronului regal. Trebuia căsătorit cât mai curând, în mod evident, astfel încât să devină tată cât de repede i-ar fi permis natura. Însuși Amenofis al III-lea fusese căsătorit cu Tiy atunci când avea aproximativ 12 ani, iar tatăl său, Tutmes al IV-lea, fusese căsătorit la aceeași vârstă. De aceea, micul prinț Amenofis ar fi trebuit să primească grabnic o soție, așa că faraonul a început să-i caute o consoartă potrivită. Auzise că Dușarata, regele din Mitanni, avea o fată frumoasă și existau multe motive politice pentru a propune o uniune. Așa cum am văzut, Mitanni era un stat tampon între posesiunile faraonului din Siria și teritoriile hitiților și cele ale popoarelor din Mesopotamia. Tutmes al IV-lea ceruse o mireasă din Mitanni și îi fusese dată Gilukhipa, dacă nu și regina Tiy. Amândouă reprezentaseră, probabil, căsătorii politice. Prin urmare, faraonul a decis această căsătorie pentru fiul său bolnăvicios și a trimis un emisar la Dușarata pentru a negocia mariajul celor doi copii.

Din fericire, răspunsul lui Dușarata s-a păstrat. Regele din Mitanni confirmă primirea soliei și își exprimă bucuria în perspectiva consolidării legăturilor dintre cele două regate. Este evident, dintr-o scrisoare ulterioară, că prințesa fusese trimisă deja în Egipt și suntem făcuți să credem că prințul Amenofis fusese căsătorit de îndată cu aceasta. Mica prințesă se numea Tadukhipa, dar nu mai auzim nimic despre ea după sosirea în Egipt și este posibil ca aceasta să fi murit la o vârstă fragedă.

Astfel stând lucrurile, prințul Amenofis a fost căsătorit cu o fată din Egipt, pe nume Nefertiti. Aceasta avea să devină regina sa. Era fiica unui nobil pe nume Ay[47], care avea să fie cunoscut ulterior drept „Socru al Faraonului", un titlu care a fost tradus greșit prin „Tată Divin" și a fost considerat de importanță religioasă până atunci când dr. Borchardt[48] i-a indicat adevărata semnificație. Ay era căsătorit cu o femeie pe nume Ty, dar Nefertiti pare să fi fost fiica unei alte soții, întrucât Ty este menționată drept „mare doică", în loc de mamă a acesteia.

În general, s-a considerat că Nefertiti și Tadukhipa au fost una și aceeași și că Ay și Ty au fost părinții adoptivi ai acestei prințese străine. Este, însă, mai îndreptățită presupunerea că Nefertiti era o fată din Egipt, care a fost căsătorită cu prințul după moartea Tadukhipei. Acest lucru pare să fie confirmat de un portret al unei regine, care, în baza stilului artistic și a formei coroanei, nu o poate reprezenta decât pe Nefertiti și care înfățișează, totodată, o femeie cu trăsături în mod clar egiptene (această sculptură se găsește în muzeul din Berlin și nu au fost încă publicate fotografii. În mormântul lui Ay din El Amarna se găseşte o inscripţie în care acesta vorbeşte despre regină şi se roagă ca aceasta să rămână de-a pururea lângă Akhenaton. El vorbeşte despre frumuseţea ei, despre vocea-i suavă, despre frumuseţea mâinilor ei şi aşa mai departe.).

Nefertiti era, probabil, cu doi, trei ani mai tânără decât prinţul, întrucât primul său copil nu avea să se nască decât cinci ani mai târziu, iar fetele egiptene devin de obicei mame la vârsta de 13 sau 14 ani.

Amenofis „Magnificul" a murit la scurt timp după acest eveniment, după 36 de ani de domnie. Regina Tiy a trecut imediat în fruntea statului ca regentă a fiului său în vârstă de 12 sau 13 ani. Acesta a devenit faraon sub numele de Amenofis al IV-lea şi Nefertiti a devenit regină.

II.5 Întronarea lui Akhenaton

Atunci când a urcat la ton, tânărul faraon şi-a acordat următoarea titulatură regală:

„Taurul măreţ, cu panaş. Preferatul celor două Zeiţe, Mari Regine ale Karnakului. Şoimul de Aur, purtător de diademe în Heliopolis. Faraon al Egiptului de Sus şi al Egiptului de Jos, Frumoasă-este-Fiinţa-lui-Ra, Singura-Fiinţă-a-lui-Ra. Fiul Soarelui, Pacea-lui-Amon (Amenofis), Conducătorul Divin al Tebei. Cel care dăinuie în timp, Cel ce trăieşte de-a Pururea, Preaiubit de Amon-Ra, Stăpânul Cerurilor."

Aceste titluri au fost întocmite în baza unui model prestabilit, conform cu vechiul obicei al faraonilor. Asemenea strămoşilor săi, era numit „Preaiubit de Amon-Ra", deşi, aşa cum am văzut, puterea zeului respectiv slăbise considerabil. Totuşi, pentru a compensa această referire la zeul Tebei, întâlnim următoarea titulatură surprinzătoare:

„Mare Preot al lui Ra-Horakhti, care jubilează la orizont în numele său, Căldura-din-Aton".

Să se fi strigat că băiatul este preaiubitul lui Amon-Ra până ar fi răsunat zidurile din Teba, să se fi strigat că Amon-Ra era Stăpânul Cerurilor până când preoţii nu ar mai putut striga, soarta zeului din Teba nu mai putea fi ocolită, căci noul faraon era consacrat unui alt zeu.

Este evident faptul că un băiat de 12 sau 13 ani nu ar fi putut revendica de la sine titlul de Mare Preot al lui Ra-Horakhti. Regina Tiy şi consilierii acesteia trebuie să-i fi atribuit tânărului faraon acest titlu în mod deliberat, în mare măsură pentru a pecetlui soarta lui Amon. Probabil că mai existau şi alte motive în baza cărora a fost hotărât acest pas remarcabil. Este posibil, după cum s-a spus, ca regina să-l fi consacrat lui Ra-Horakhti încă dinaintea naşterii. Sau, având în vedere că băiatul era epileptic şi avea halucinaţii, este posibil să fi avut viziuni în timpul unui astfel de episod sau să fi rostit anumite cuvinte care o determinaseră pe mama lui să creadă că este alesul zeului din Heliopolis, numele căruia era probabil permanent auzit de prinţ. Într-un palat în care sintagma mistică „Căldura-din-Aton", noua variantă a numelui zeului, era invocată zilnic şi în care tânărul stăpân al Egiptului cădea din când în când în ceea ce părea să fie o frenezie sacră, este probabil ca ascensiunea noului zeu să fi avut legătură cu excentricităţile tânărului faraon. Marele Preot al lui Ra-Horakhti era mereu numit „Măreţul Viziunilor" şi era deci un profet vizionar, fie prin natura sa, fie circumstanţial, iar starea fizică nefericită a băiatului a fost, probabil, folosită în lupta cu Amon-Ra.

Ne putem imagina că faraonul era un tânăr palid, cu aspect bolnăvicios. Capul său pare să fi fost prea mare în raport cu corpul. Avea pleoapele lăsate şi ochii plini de vise. Avea trăsături delicate, iar gura, în ciuda unei uşoare proeminenţe la nivelul mandibulei, reaminteşte cele mai bune opere ale lui Rossetti[49]. Se pare că era un băiat tăcut şi studios, ale cărui gânduri cutreierau sfere senine în căutarea fericirii care-i era negată de sănătatea precară. Avea o natură blândă, iar inima sa tânără era plină de iubire. Se pare că îi plăceau nespus de mult plimbările în grădina palatului, cântecul păsărelelor, lacul cu peşti, parfumul florilor, fluturii şi căldura soarelui. Era numit, deja, "Stăpânul Dulcii Suflări" şi era probabil extrem de iubit de supuşii săi, ceea ce-i asigura susţinerea acestora în momentele dificile pe care le rezerva viitorul. Primul an de domnie s-a scurs sub regenţa mamei sale. Duşarata, regele din Mitanni, s-a adresat reginei Tiy atunci când a scris pentru a-l felicita pe băiat cu ocazia ascensiunii la tron, de parcă ar fi considerat că faraonul ar fi înţeles scrisoarea cu dificultate. Ulterior, acesta îl roagă chiar pe faraon să se sfătuiască cu mama sa în anumite chestiuni de politică externă. Însă, aşa cum se va observa în curând, faraonul era mai înţelept decât ar fi putut indica vârstă sa fragedă.

II.6 Primii ani de domnie

Scriitorul dumneavoastră îşi propune să ilustreze în cadrul unuia dintre capitolele următoare înăţimea idealismului, profunditatea filosofiei morale şi profunditatea religioasă la care ajunsese acest băiat la începutul perioadei adulte. Respectul în privinţa capacităţilor pe care ajunsese să le deţină la atingerea maturităţii va spori atunci când vom realiza carenţele cu care se confruntase la începuturile formării sale. Doctrina sa religioasă admirabilă este rodul unei perioade mai târzii. Până la vârsta de 17 sau 18 ani nu erau evidente principiile sale viitoare şi nici monoteismul său înflăcărat. După cel de-al optulea an de domnie se poate observa că ajunsese să dezvolte o religie atât de pură, încât, pentru a-i fi descoperite neajunsuri trebuie comparată cu religia creştină. Cititorul va realiza curând că această teologie superbă nu izvora din educaţia pe care o primise.

Una dintre primele hotărâri ale faraonului, adoptată din dorinţa reginei Tiy sau a consilierilor regali, a fost terminarea construcţiei unui templu al lui Ra-Horakhti Aton, în Karnak (data exactă nu este cunoscută, dar pe un fragment care se găseşte în prezent în Berlin se găsesc urmele cartuşului lui Amenofis al III-lea, peste care a fost scris numele lui Akhenaton), care fusese probabil începută de Amenofis al III-lea. Acest lucru nu constituia un afront adus lui Amon, întrucât Tutmes al III-lea şi alţi faraoni construiseră temple în Karnac şi le închinaseră, la rândul lor, altor zei. Preoţii lui Amon-Ra recunoscuseră existenţa multor zei în Egipt şi le acordaseră locuri în ceruri, păstrând pentru zeul lor titlul de „Conducător al Zeilor". În Karnak se găsea un templu al lui Ptah, se găseau locuri sfinte ale lui Min şi fusese făcut loc şi altor zei care nu aveau legătură cu Amon. Prin urmare, preoţii lui Amon-Ra nu s-au putut opune proiectului respectiv. Construcţia (cuvântul „benben", anume "loc sfânt", conţine în încheiere hieroglifa unui obelisc, fapt care a condus la unele traduceri greşite; probabil că templul a fost construit în zona Abusir, unde se găsea un obelisc în câmp deschis) a fost realizată din blocuri de gresie şi numeroşi funcţionari au fost trimişi în marile cariere de piatră de la Gebel Silsileh[50], situate între Edfu şi Kom Ombo şi în cele situate lângă Esna[51]. Către încheierea lucrărilor, pe stâncile din apropiere a fost sculptată o scenă care-l înfăţişa pe faraon venerându-l pe Amon, care încă era, prin urmare, zeul de stat. Soarele este totuşi reprezentat deasupra faraonului, iar de la acesta coboară spre faraon o serie de linii, care reprezintă razele solare. Razele respective se termină cu mâini care par să distribuie „Căldura-din-Aton" în jurul faraonului. Aceasta este prima reprezentare a simbolului religiei lui Aton care avea să devină faimos şi este semnificativ faptul că şi-a făcut apariţia în cadrul unei scene care reprezenta venerarea lui Amon.

Desigur, aflăm despre „braţul razelor soarelui" încă din textele prezente pe primele piramide, dar simbolul noii religii este inedit şi pare inventat chiar de tânărul faraon.

Faraonul era numit Mare Preot al lui Ra-Horakhti. Încă nu apare sintagma „Cel ce trăieşte în adevăr", titlu pe care avea să şi-l atribuie mai târziu şi care făcea referire la religia lui Aton, pe care urma să o elaboreze.

Au fost descoperite multe fragmente din acest loc sfânt. Pe acestea se găsesc multe referiri la Horus, Set, Wepwat şi alţi zei. Faraonul este încă numit Amenofis, nume care avea să fie interzis mai târziu. Numele lui Aton nu sunt încă alăturate unui simbol regal aşa cum avea să se întâmple ulterior. Templul era numit „Aton-se-găseşte-în-Casa-lui-Aton", un nume bizar, a cărui semnificaţie nu este clară (probabil că *„se găseşte"* reprezintă o traducere greşită). Un funcţionar pe nume Hataay era „Scrib şi Administrator Grânarelor Casei lui Aton", prin care se făcea probabil referire la templu, iar în mormântul lui Ramose este menţionat numele întreg al templului şi se găseşte o reprezentare a acestuia. Dincolo de acestea, nu se mai cunoaşte nimic despre această construcţie. Faptul că s-a renunţat la folosirea blocurilor mari de piatră, care erau folosite în mod curent la construirea clădirilor sacre şi au fost folosite doar blocuri de piatră de dimensiuni reduse, mai uşor de manevrat, indică graba cu care s-a dorit ridicarea templului respectiv. Defectele construcţiei au fost ascunse sub tencuială şi pereţii au fost pregătiţi pentru executarea reprezentărilor tipice. Zona în care se găsea templul era denumită „Splendoarea Marelui Aton" şi Teba primise numele de „Oraşul Splendorii lui Aton".

Două morminte ale unor mari nobili reprezintă monumente care datează din anii de început ai domniei faraonului. Una dintre personalităţile acelei perioade a fost Ramose, vizirul Egiptului de Sus. Acesta şi-a construit un mormânt somptuos în necropola din Teba. Artiştii începuseră lucrul la sculpturile şi picturile care aveau să acopere pereţii marelui hol care conferea acces în mormânt, dar, înainte de încheierea acestor operaţiuni, au realizat o reprezentare maiestuoasă a lui Amenofis al IV-lea, aşezat pe tron, în faţa zeiţei Maat. Această scenă fusese probabil executată cu câteva luni înainte de realizarea plăcilor cu inscripţii, la carierele de piatră. Nu apar razele soarelui şi lucrarea a fost executată strict în baza regulilor stilistice de la sfârşitul domniei lui Amenofis al III-lea şi de la începutul domniei fiului acestuia. Înainte de terminarea acelor reprezentări, a venit, însă, ordinul care prevedea includerea razelor lui Aton şi s-au produs unele schimbări stilistice. Artiştii au început să lucreze la o altă reprezentare a faraonului, înfăţişat sub razele călduroase cu multe mâini şi însoţit de soţia sa, care nu îi născuse încă primul copil. Cele două reprezentări pot fi văzute în Teba. Acestea ilustrează cel mai bine contrastul dintre vechea şi noua ordine a lucrurilor.

În timp ce Ramose îşi construia mormântul în Teba, un alt mare nobil, pe nume Horemheb (care avea să uzurpe tronul în cele din urmă) îşi construia mormântul în Sakkara, necropola din Memphis (în apropiere de Cairo). Horemheb era comandantul suprem al armatei şi în mormântul său se găsesc unele reprezentări superbe care îl înfăţişează primind distincţii de la faraon în baza funcţiei respective. În unele scene este prezentată sosirea unor refugiaţi din Asia care cer permisiunea de a locui pe malurile Nilului. Reprezentările acestor străini se numără printre cele mai de seamă exemple ale artei egiptene. Din inscripţii reiese că Horemheb, care se presupune că i se adresează faraonului, afirmă că acesta îşi datorează tronul lui Amon (fapt care corespunde cu inscripţia de la cariera de piatră Silsileh, în care este venerat Amon), cu toate că faraonul este reprezentat în stilul tipic noii religii (Se pare că mormântul lui Horemheb a fost început și terminat în primii ani ai domniei lui Akhenaton. Fragmente ale acestui mormânt se găsesc în Leiden, Bologna, Viena, Alexandria și Cairo. Toate, cu excepția celor din Cairo, datează din perioada de început. Titlurile reprezentate pe fragmentele care se găsesc în Cairo sunt mult mai elaborate decât celelalte. Breasted, "Însemnări", III, 1.).

Noul faraon este reprezentat în baza aceluiași stil artistic în unele reliefuri deteriorate care se găsesc pe coloanele din partea de nord a templului din Luxor (Teba), a cărui construcție a fost începută de Amenofis al III-lea și a fost terminată de Tutankamon și de Horemheb.

II.7 Noul stil artistic

Schimbările stilistice neașteptate care au apărut în reprezentările din cele două morminte și în realizarea plăcilor cu inscripții de la carierele de piatră, par să aparțină celui de-al patrulea an de domnie. Stilul în care au fost realizate inscripțiile de pe pereții noului templu al lui Ra-Horakhti din Karnak este complet diferit față de stilul artistic din anii de început ai domniei. Reprezentarea faraonului care se găsește în mormântul lui Ramose, în care acesta este înfățișat stând în picioare sub noul tip de raze solare, este total diferită față de o altă reprezentare a acestuia care se găsește în același loc, dar a fost realizată anterior. Reprezentările tânărului faraon din mormântul lui Horemheb sau de la carierele de piatră sunt realizate în baza unor norme stilistice total diferite față de cele în vigoare în momentul succesiunii la tron.

Noul stil artistic prezintă trei caracteristici în reprezentarea corpului uman și, mai ales, în reprezentarea corpului faraonului. În primul rând, craniul este alungit. În reprezentarea din profil, bărbia capătă o terminație ascuțită. Sub maxilar este reprezentată foarte puțină carne, ceea ce conferă feței o orientare ascendentă. Gâtul este lung și subțire. În al doilea rând, pântecele este reprezentat în așa fel încât să atragă atenţia, ca şi cum ar fi fost inspirat de un model nepotrivit. Şi în al treilea rând, şoldurile şi coapsele sunt anormal de mari, în vreme ce de la genunchi în jos, picioarele au o formă apropiată de cea obişnuită. Această deformare a anatomiei umane se poate observa în mai mică măsură în privinţa întregului corp, ceea ce conduce la o reprezentare artistică surprinzătoare, care pare să fi izvorât din mintea faraonului adolescent sau din aceea a unuia dintre personajele excentrice de la curtea regală.

Faraonul împlinise 17 ani şi se pare că era extraordinar de matur pentru vârsta sa. În ceea ce priveşte reprezentarea sa, este posibil să se fi opus stilului artistic convenţional şi să le fi cerut artiştilor să-l reprezinte aşa cum era. Astfel s-a ajuns, probabil, la craniul alungit, la bărbia ascuţită şi chiar la pântecele proeminent. Însă forma nepotrivită a coapselor poate fi explicată doar de o malformaţie a modelului regal, deşi osemintele sale indică faptul că era un bărbat cu o constituţie normală.

O justificare a acestei reprezentări ciudate a corpului omenesc ar putea fi următoarea. Probabil că pe atunci faraonul devenise interesat (într-o manieră copilărească) de confruntarea religioasă care începuse recent să se desfăşoare între Amon-Ra şi Ra-Horakhti Aton. După ce a ascultat argumente ambelor părţi, este posibil să-şi fi propus să studieze singur documentele antice şi inscripţiile legate de această chestiune. Şi astfel este posibil să fi aflat că Amon devenise zeul suprem doar cu câteva sute de ani mai înainte şi că înaintea aducerii sale în această poziţie deosebită, chiar înainte ca numele să-i fi fost cunoscut, zeul suprem fusese Ra-Horakhti. Dacă ar fi ajuns cu studiul până la faraonii arhaici, de dinaintea ridicării piramidelor, ar fi descoperit că tot zeul Heliopolisului era venerat. Unul dintre titlurile cele mai dragi faraonilor era cel de „Fiu al Soarelui". Acest titlu aparţinuse, aşa cum am văzut, tuturor faraonilor începând cu cea de-a V-a Dinastie (ai cărei faraoni pretindeau că sunt descendenţii direcţi ai lui Ra). Studiile respective ar fi scos în evidenţă două lucruri. În primul rând, că Amon era la urma urmelor doar un uzurpator. Şi în al doilea rând, că în calitate de faraon era descendentul lui Ra şi că era reprezentantul acelui zeu pe pământ.

Toate lucrurile legate de Amon aveau să-i devină dezagreabile din aceste motive mai presus de oricare altele. Era prea tânăr pentru a înţelege pe deplin care dintre cele două religii era mai bună din punct de vedere moral sau teologic, dar nu pentru a fi fascinat de istorie, pentru a simţi că faraonii care se pierdeau în negura vremii, care trăiseră pe când lumea era tânără şi veneraseră soarele încă din acele vremuri imemoriale, reprezentau cel mai bun exemplu pentru el. Erau strămoşii lui şi având în vedere că erau fiii lui Ra, atunci şi el era un descendent al marelui zeu. Îi curgea sângele soarelui prin vene, "Căldura-din-Aton" pulsa în toată fiinţa lui. Citind documente vechi este posibil să fi fost tulburat de gloria trecutului îndepărtat, perioadă în care oamenii venerau zeul căruia Amon îi uzurpase drepturile. Regulile artistice erau de competenţa instituţiei religioase. Regulile de reprezentare a corpului uman erau consfinţite de preoţimea lui Amon şi puţine lucruri trebuie să fi fost mai deranjante la adresa regimului decât abandonarea acelor reguli. Acest lucru era probabil ştiut de susţinătorii cauzei lui Ra-Horakhti. Atitudinea tânărului faraon găsea încurajare în rândul acestora. În scurt timp i-a devenit, probabil, clar faptul că trebuia să recunoască valoarea canoanelor strămoşilor, având în vedere că era reprezentantul faraonilor antici şi Marele Preot al zeului lor. Şi-ar fi satisfăcut astfel ideea romantică în privinţa trecutului, acordând sculpturilor şi picturilor din timpul său puţin din spiritul artei antice a Egiptului şi ar fi lovit preoţii lui Amon, interzicând arta susţinută de aceştia.

    În vechile temple din Heliopolis şi din alte locuri se mai păstrau cu siguranţă vestigii ale perioadei antice, iar faraonul a putut studia sculpturile în lemn, piatră şi fildeş din acele timpuri. Şi noi putem studia astfel de obiecte, puţine la număr, care au fost scoase la lumină de săpăturile arheologice. Devine, astfel, evidentă asemănarea reprezentării corpului uman în cele două tipuri de artă, cea arhaică şi noua artă a lui Akhenaton. În reprezentările arhaice se întrezăreşte manierismul noii şcoli. În reprezentările arhaice se poate observa forma alungită a craniului, care avea să devină o caracteristică a noului stil. La statuia din fildeş a unui faraon arhaic se observă bine-cunoscuta aplecare a capului lui Akhenaton şi bărbia ascuţită. La unele reprezentări din lut sau fildeş, se observă pântecele proeminent, coapsele şi şoldurile neobişnuite.

Se poate afirma că arta lui Akhenaton reprezintă un fel de renaştere, o reîntoarcere la arta zilelor străvechi. Motivul fundamental al acestei reîntoarceri îl constituie dorinţa de accentuare a faptului că faraonul este reprezentantul celui mai vechi dintre toţi zeii, al lui Ra-Horakhti.

Încă o caracteristică a noii religii devine clară. În cultul lui Ra-Horakhti Aton faraonul era onorat în chip de fiu al soarelui, iar zeul era venerat în chip de fondator al liniei regale. Tradiţia spunea că Ra sau Ra-Horakhti domnise odată pe pământ şi că spiritul lui trecuse de la un faraon, la altul. Prin urmare, acest zeu era adevăratul împărat al Cerurilor, iar Amon era doar un uzurpator de dată recentă. Din acest motiv numele noului zeu a fost introdus în cartuşele regale, în timp ce faraonul avea mare grijă să-i spună „tată" lui Ra-Horakhti şi să-l numească „zeu şi împărat". Tot din acest motiv Akhenaton purta adesea coroana Egiptului de Jos, care se folosea în Heliopolis şi purta extrem de rar coroana Egiptului de Sus (este reprezentat purtând coroana Egiptului de Sus pe o stelă care se găseşte în Muzeul din Cairo şi pe un fragment care-i aparţine colonelului Anderson şi a fost împrumutat Muzeului Ashmolean din Oxford), despre care istoria îi spusese că nu exista pe când Ra conducea pământul (am aflat cu ajutorul Pietrei din Palermo că Egiptul de Jos exista cu mult înaintea Egiptului de Sus).

Dincolo de modalitatea de reprezentare a corpului uman, noua artă era caracterizată de diversitatea poziţiilor în care personajele erau înfăţişate. Se încerca o rupere de tradiţie şi era afişată dorinţa de a termina definitiv cu convenţiile vremii. Pentru întâia oară artiştii reuşeau să redea ideea de mişcare într-o scenă în mers şi relaxarea unei persoane aşezate. Sculptura tridimensională (separarea completă de fond) ajunsese la un nivel care nu avea să fie depăşit în vechea lume decât de Grecia antică, în vreme ce graţia şi natureţea basoreliefurilor sunt de toată admiraţia. Portretul reginei Nefertiti găsit în El Amarna de o echipă germană este o operă de artă care se numără printre capodoperele lumii. Acesta se află în muzeul din Berlin, dar nu au fost încă publicate fotografii.

Sunt cunoscute numele a doar doi artişti ai perioadei (este cunoscut şi numele unui al treilea artist, Thutmes, însă acesta a apărut către sfârşitul domniei). Unul dintre aceştia era un anume Auta, care apare într-un relief realizat la aproximativ opt ani de la schimbările în câmp artistic. Trebuie remarcat faptul că acesta deţinea funcţia de Maestru-artistic al reginei Tiy şi este posibil ca împreună să fi fost iniţiatorii schimbării din domeniul artei. Faraonul, pe de altă parte, era suficient de matur pentru a fi interesat de această sferă, iar cel de-al doilea artist cunoscut, un anume Bek, afirmă răspicat că a primit instrucţiuni chiar de la faraon. Sunt, astfel, motive pentru a presupune că tânărul faraon a fost iniţiatorul noilor reguli artistice, cu toate că acestea au fost instituite pe când el avea doar 15 ani.

II.8 Dezvoltarea noii religii

Pe stâncile din apropierea carierei de piatră de la Wadi Hammamat[52] se poate vedea o consemnare interesantă care datează din această perioadă. Deasupra a două hieroglife *neb*, simbol al suveranităţii, sunt reprezentate trei cartuşe şi mai sus este reprezentat soarele cu razele specifice noii religii. Unul dintre cartuşele respective, care este înconjurat de penele lungi purtate de reginele acelor vremuri, conţine un nume foarte scurt, care nu poate fi decât cel al reginei Tiy (ulterior a fost şters numele lui Tiy şi cel de-al doilea nume al faraonului, dar a rămas intact numele Amenofis. Am realizat imediat o copie, rectificând-o pe cea făcută de dl. Golenischeff care este publicată în cartea sa „Călătorii în Deşerturile Egiptului de Sus"). Celelalte două cartuşe conţin numele Amenofis (al IV-lea) şi cel de-al doilea nume al faraonului. Realizăm, astfel, că după ce fusese introdus noul simbol religios şi cu puţin înainte ca faraonul să ia numele de „Akhenaton", regina Tiy era egală în rang cu el, fiind încă regentă.

De la 17 ani până la 20 de ani se pare că faraonul s-a preocupat intens de schimbările care au avut loc. S-a implicat în noua mişcare cu entuziasm tineresc şi este de presupus că a fost nevoie de mult tact şi diplomaţie din partea reginei Tiy pentru a împiedica eventuale acţiuni pripite împotriva preoţilor lui Amon, care ar fi echivalat cu o ofensă la adresa întregii ţări. Preoţii respectivi nu erau deloc împăcaţi cu devoţiunea faraonului pentru Ra-Horakhti şi chiar dacă el servea încă în mod oficial zeul din Teba, simţeau că se îndepărta din ce în ce mai mult de divinitatea lor. Aveau loc, fără îndoială, multe dispute între Marele Preot al lui Amon-Ra şi acest Mare Preot regal al soarelui, chiar dacă cel din urmă era încă foarte tânăr. Noua artă care răsturna toate vechile convenţii religioase nu era deloc pe placul preoţilor. Noile concepţii religioase nu erau conforme cu doctrinele lor stereotipe şi probabil că multe din spusele faraonul nu ieşeau, din punctul lor de vedere, din sfera ereziei. Erau purtaţi fără să ştie unde anume de noul val condus cu determinare şi mână tânără.

Funcţionarii curţii regale îşi urmau orbeşte tânărul faraon şi îi ascultau cu mare atenţie fiecare cuvânt. Gândurile cărora le dădea voce veneau din mintea sa. Uneori erau probabil idei preluate de la înţelepta lui mamă. Alteori buzele sale revărsau perle de înţelepciune culese de la înţelepţii curţii regale. La cererea lui, visătorii Asiei îi povestiră probabil viziunile lor, filosofii îi însămânţaseră în minte misterul cunoaşterii, poeţii îi cântaseră la harpă cântece care purtau ecoul credinţelor unor vremuri de mult apuse, iar preoţii unor zei necunoscuţi îi prezentaseră credinţele unor popoare necunoscute. Nu se plimbase în Liban la umbra cedrilor şi nici nu urcase pe dealurile Siriei. Totuşi, imnurile lui Adonis şi psalmodiile lui Baal îi erau probabil la fel de familiare ca psalmodiile solemne ale lui Amon-Ra. La curtea regală cosmopolită din Teba se strânseseră oameni de pretutindeni. Dealurile din Creta, grădinile Persiei, dumbrăvile de livani ale Arabiei îşi adăugau înţelepciunea visurilor sale, iar buzele tulburătoare ale Babilonului îi şopteau mistere de altădată. Din Sardinia, Sicilia şi Cipru i-au ajuns doctrinele celor care făceau negoţ pe apele cele mari[53], iar Libia şi Etiopia şi-au dezvăluit crezurile urechilor sale dornice. Aşadar, creierul fertil al faraonului a primit încă de la o vârstă fragedă sămânţa a tot ceea ce era minunat în împărăţia gândului.

Trebuie reamintit faptul că faraonului îi curgea prin vene mult sânge străin. Pe de altă parte, oamenii cu care vorbea, deşi culţi, rămâneau doar nişte egipteni superstiţioşi care nu puteau renunţa la ideea că faraonul avea puteri divine. Tânăra minte meditativă îşi revărsa fanteziile în nişte minţi atente, lipsite de prejudecata unor teorii potrivnice, dar îngustate de convenţii. Egiptenilor le-a lipsit mereu originalitatea, dar au avut puterea de a imita şi de a se adapta. Acei nobili care s-au văzut dependenţi de favoarea regală, au învăţat repede *muzica noului faraon*. Zi de zi, îşi vedeau probabil de treburile lor încercând să păstreze drumul greu al adevărului. Îşi repetau cu sârguinţă minunile pe care le revela noua credinţă şi elogiau înţelepciunea băiatului-faraon. Dar se întrebau agitaţi dacă şi când îi va fi ajuns mânia lui Amon.

Bucurându-se de această încurajare, faraonul şi mama sa au dezvoltat speculaţiile şi au atras unii dintre cei mai de seamă nobili ai ţării în cercul adepţilor lor. Un exemplu remarcabil al acestui prozelitism se găseşte în mormântul Vizirului Ramose. După cum a fost spus, înaltul funcţionar şi-a construit un mormânt în necropola din Teba pe zidurile căruia a realizat un portret al tânărului faraon în baza vechiului stil artistic. Ulterior a adăugat o altă reprezentare a faraonului, în picioare, sub razele soarelui executate în baza noului stil artistic. Ramose a mai adăugat multe scene şi inscripţii şi a consemnat un discurs pe care i l-a ţinut faraonul, căruia i-a alăturat răspunsul său.

„*Cuvintele lui Ra,*" spusese faraonul, "*sunt în faţa ta. ... Venerabilul meu tată* (adică zeul) *m-a învăţat esenţa lor şi mi le-a revelat. ... Erau cunoscute inimii mele, deschise în faţa mea. Înţelesesem. ...*"

„*Tu eşti Singurul-al-Lui-Aton; îi cunoşti intenţiile,*" a răspuns Ramose. "*Ai condus munţii. Teama de tine este prezentă atât în camerele lor secrete, cât şi în inimile oamenilor. Munţii îţi dau ascultare, aşa cum fac şi oamenii.*"

Realizăm că faraonul formula deja o doctrină şi că nobilii o acceptau. Este însă semnificativ faptul că sunt reprezentări ale lui Ramose încărcat cu darurile primite de la faraon, aparent, drept răsplată a loialităţii sale. Faraonul pare, într-adevăr, să fi acordat multe onoruri celor care păreau să înţeleagă gândurile care erau încă imature în mintea lui şi au fost probabil mulţi opozanţi care i s-au alăturat doar din iubirea pentru aur. Faraonul avea nevoie de toată susţinerea posibilă întrucât probabilitatea rupturii de preoţii lui Amon-Ra creştea pe măsură ce noua doctrina lua formă în mintea sa. Cu toate că oamenii Egiptului luaţi în mare şi-ar fi urmat fără niciun dubiu faraonul doar pentru că era faraon, mai mult ca sigur preoţii din Teba şi populaţia oraşului respectiv s-ar fi opus oricărei încălcări a drepturilor zeului oraşului lor.

Tânărul faraon pare să fi avut o voinţă extrem de puternică şi putem presupune că moştenise de la iluştrii săi strămoşi tăria de caracter pe care aceştia o demonstraseră nu de puţine ori. El a fost iubit de supuşi pe toată durata vieţii şi pentru câţiva ani după moartea sa. Iar dacă ne gândim la devotarea cu care a fost urmat de nobili cât timp starea de sănătate i-a permis să-i conducă şi la cât de rătăciţi au fost la moartea lui, realizăm amploarea influenţei pe care o exercita asupra lor. Chiar şi atunci când faraonul era foarte tânăr se pare că aveau o consideraţie deosebită pentru băiatul serios şi cufundat în gânduri, iar în spatele prefăcătoriei, ipocriziei şi loialităţii de faţadă, se observă un sentiment profund faţă de el.

A venit momentul să consemnăm naşterea primei fiice a faraonului, care a avut loc în jurul celui de-al cincilea an de domnie, când acesta avea aproximativ 18 ani. A fost numită Meritaton, "Iubită de Aton". Cu toate că naşterea unei fetiţe în locul unui băieţel trebuie să fi constituit o dezamăgire pentru cuplul regal, fetiţa a fost iubită foarte mult, după cum se va observa în continuare.

II.9 Esenţa noii religii

Religia care începea să capete formă în mintea faraonului nu era una extrem de solemnă. Ra-Horakhti nu era considerat singurul zeu. Ideea de monoteism nu apăruse încă în doctrină. Aşa cum am văzut, în noul templu din Karnak erau menţionaţi Horus, Set, Wepwat şi alţi zei, iar în alte locuri, Amon era încă recunoscut cu reticenţă. Zeiţa Maat nu a fost înlăturată de pe pereţii mormântului lui Ramose şi a continuat să ofere protecţie, iar în acelaşi mormânt este invocat şi Horus din Edfu. În mormântul lui Horemheb sunt menţionaţi Horus, Osiris, Isis, Nephthys[54], Hathor, în timp ce zeii Necropolei sunt încă onoraţi. Horemheb însuşi deţinea încă postul onorific de Mare Preot al lui Horus, Domn al Oraşului de Alabastru. Sunt pomeniți Thoth și Maat și se găsește o invocare magică a lui Ra, deloc elevată. Pe bijuteriile în formă de scarabeu ale perioadei respective faraonul este numit preferatul lui Thoth, zeul înțelepciunii. Iar într-o scrisoare adresată faraonului în timpul celui de-al cincilea an de domnie, sunt menționați Ptah și „zeii și zeițele" orașului Memphis.

O scrisoarea va fi comentată întrucât este de un real interes. Îi este adresată faraonului, care este încă numit Amenofis, de către un inspector regal numit Apiy care locuia în Memphis. În situl arheologic de la Gurob (Griffith, „Kahun Papyri", pag. 91) au fost găsite două exemplare ale scrisorii datând amândouă din cel de-al cincilea an al domniei faraonului, a treia lună de iarnă și a 19-a zi. Scrisoarea începe cu titlurile faraonului, inclusiv „Marele Stăpân din Karnak", "Conducătorul din Teba" și sintagma „care trăiește în adevăr", care avea să fie mereu adăugată numelui său începând din perioada respectivă. Continuă cu o incantație, *"Ptah, cel cu înfățișarea minunată, să fie cu tine; fie cu tine cel care ți-a dat splendoarea, adevăratul tău tată care te-a ridicat (?) ca să conduci sfera lui Aton"* și urmează adevăratul motiv (al scrisorii): *"Prin prezenta, se comunică Stăpânului, lungă, îmbelșugată și sănătoasă fie-i viața, că templul tatălui său Ptah... este solid și înfloritor, casa Faraonului... este înfloritoare, stabilimentele Faraonului... sunt înfloritoare, reședința Faraonului... este prosperă, ofrandele tuturor zeilor și zeițelor din teritoriul (?) Memphisului au fost... aduse, (au fost) aduse, nu a fost uitat nimic"*. Titlurile faraonului sunt menționate încă o dată și scrisoarea se încheie cu data.

Așadar, în cel de-al cincilea an de domnie, când faraonul avea aproximativ 18 ani, erau încă recunoscuți mulți zei în Egipt. Chiar dacă avuseseră loc schimbări în domeniul artei și venerarea lui Ra-Horakhti, sub numele de Aton, făcuse pași mari în direcția obținerii supremație, nu se vedeau încă semnele monoteismului pe care faraonul avea să-l expună curând.

În acele părți din mormântul lui Horemheb care datează din această perioadă, Ra-Horakhti este invocat în felul următor: *"Ra-Horakhti, zeu măreț, Stăpân al cerurilor, Stăpân al pământului, care iese din al său orizont și aduce lumină celor Două Țări (ale Egiptului), soarele din* întuneric, Ra". Şi „Ra, Stăpân al adevărului, zeu măreţ, suveran al Heliopolisului, ... Horakhti, singurul zeu, împărat al zeilor, care se ridică spre vest şi emană frumuseţe". În alte surse, pe care le-am văzut deja, zeul este numit „Ra-Horakhti, care jubilează la orizont în numele său, Căldura-din-Aton".

Este pur şi simplu vechea religie din Heliopolis, căreia îi fuseseră adăugate unele dintre doctrinele lui Adonis sau Aton din Siria. În Heliopolis se găsea un taur sacru, Mnevis, care era considerat încarnarea lui Ra-Horakhti şi era onorat ca o divinitate, cum se întâmpla şi cu taurul (mai faimos) din Memphis. În momentul respectiv, faraonul accepta chiar şi această superstiţie şi avea să facă acest lucru pentru încă un an sau doi (Există, oare, vreo legătură îndepărtată între Mnevis şi taurul din Creta? v. pag. 84). Căldura-din-Aton permitea meditaţie îndelungată şi redirecţiona atenţia asupra unei calităţi intangibile a soarelui, fapt care deschidea un câmp extrem de întins gândirii religioase. Cu această excepţie nu era, însă, nimic demn de admiraţie în noua religie.

III. Akhenaton fondează un oraş

"Un suflet dârz, care a înfruntat cu neînfricare tradiţia imemorială... pentru a propaga idei care depăşeau capacitatea de înţelegere a epocii sale." Breasted, "Istoria Egiptului".

III.1 Separarea de preoţimea lui Amon-Ra

Separarea de preoţimea lui Amon-Ra nu avea să întârzie. Nu sunt cunoscute detaliile conflictului, dar se poate presupune că însuşi Akhenaton a aruncat mânuşa într-o încercare îndrăzneaţă de eliberare de sub apăsarea organizaţiei respective care se dovedise un obstacol considerabil în calea acţiunilor sale. Nicio mărturie nu arată că ar fi urmărit desfiinţarea ordinul respectiv sau interzicerea cultului lui Amon în acea perioadă a domniei sale. Având însă în vedere că prigoana zeului respectiv avea să înceapă câţiva ani mai târziu, imediat după moartea mamei sale, se poate presupune că prezenţa acesteia fusese o piedică în declanşarea confruntării acerbe cu zeul din Teba. Faraonul intra în cel de-al şaptelea an de domnie şi în cel de-al nouăsprezecelea de viaţă, iar în mintea sa se dezvoltau deja teoriile şi principiile care aveau să producă schimbări radicale în religia curţii regale. Descoperise, fără niciun dubiu, că o încercare de convertire a locuitorii din Teba la noua doctrină ar fi fost lipsită speranţă. De la o zi la alta realiza cu mai multă claritate că dezvoltarea religiei lui Ra-Horakhti Aton şi a idealurilor pe care începea să le găsească în aceasta era împiedicată de ostilitatea din jurul cercului său restrâns. Amon îl privea sfidător de pe zidurile fiecărui templu, de pe fiecare stâlp, poartă, coloană şi obelisc. Mărturiile puterii zeului respectiv îi veneau din toate direcţiile. Micul său templu din Karnak era eclipsat de mai-marile clădiri ale lui Amon şi puţinii preoţi care slujeau noul altar se pierdeau în mulţimea preoţilor zeului din Teba. Cum ar fi putut floarea să crească şi să înflorească într-o zonă atât de neprielnică? Cum ar fi strălucit soarele prin atâta conformitate cu tradiţia?

Faraonul a încercat, fără îndoială, să slăbească puterea preoţimii lui Amon reducându-i la limită bugetul şi încercând să atragă de partea sa pe unii dintre preoţii cei mai importanţi. Dacă ar fi reuşit să o ducă în categoria religiilor mai mici, probabil că ar fi fost mulţumit şi i-ar fi dat pace pentru că în acel moment urmărea doar situarea incontestabilă a lui Ra-Horakhti deasupra tuturor celorlalţi zei. Însă resursele lui Amon păreau de nestăvilit şi erau slabe şansele diminuării puterii preoţimii sale.

În această situaţie dificilă faraonul a făcut un pas la care reflectase mult alături de consilierii săi. A hotărât să părăsească Teba. Urma să construiască un oraş departe de influenţele nefaste. Urma să îşi mute curtea regală acolo şi să îşi venereze nestingherit zeul. Urma să stabilească reşedinţa pământească a lui Ra-Horakhti Aton pe pământ nou şi curat. Acolo, alături de adepţii său credincioşi, urma să dezvolte lucrurile care îi inundau mintea. Totodată, prin trimiterea Tebei în poziţia de oraş de provincie, ar fi diminuat influenţa preoţilor lui Amon, care nu ar mai fi fost zeul regal, zeul capitalei. Urma să-şi cureţe sandalele de praful Tebei şi să nu se mai lase sfidat şi iritat de gloria lui Amon.

Primul lucru întreprins a fost acela de a-şi schimba nume din Amenofis, "Pacea lui Amon", în Akhenaton, "Aton este mulţumit" şi din acel moment aproape că i-a dispărut de pe buze cuvântul Amon. A păstrat două din celelalte nume, "Frumoasă-este-fiinţa-lui-Ra" şi „Singurul-al-lui-Ra", cel din urmă fiind folosit adesea chiar de el. A renunţat, însă, la titlurile şi la numele în care era menţionat Karnak-ul. Zeul său era mai mult „Aton" sau „Aton-ul" (câteodată este numit „Aton" şi altădată Pa Aton, "Aton-ul", aşa cum vorbim despre „Hristos" sau „Hristos-ul" şi despre „Domn" sau „Domnul", care este adevăratul sens al lui „Aton"), decât Ra-Horakhti, nume care avea să piardă din importanţă începând din acea perioadă, deşi avea să fie păstrat pe parcursul întregii domnii.

III.2 Akhenaton alege amplasamentul noului oraș

Faraonul naviga în aval în „dahabieh"-ul regal și cerceta malurile, în dreapta și în stânga, în căutarea unui loc potrivit pentru viitorul oraș. Avea să găsească, în cele din urmă, locul perfect la aproximativ 250 de kilometri în amonte față de orașul Cairo al zilelor noastre. În locul respectiv stâncile calcaroase de pe malul de est se retrag aproximativ 5 kilometri de la Nil și revin la acesta după 8 sau 9 kilometri. Se formează un golf protejat de Nil la vest și de stânci, în celelalte direcții. În același loc se găsește și o insulă mică, un loc ideal pentru foișoare și case de vacanță. De-a lungul fluviului se întindea o fâșie îngustă de pământ, ideală pentru grădinile palatului și ale vilelor nobililor. Dincolo de fâșia de verdeață, unde începea deșertul, urma să construiască palatul și temple impunătoare. Dincolo de acestea, unde întinderea de nisip și pietriș începea să urce ușor înainte de a lăsa loc stâncilor, urma să construiască drumuri și viaducte pe care caleștile urmau să mâne repede în zori de zi. În stâncile respective urma să taie propriul mormânt și mormintele adepților săi, iar în depărtare, pe cele mai înalte dealuri, avea să amplaseze mari pietre de hotar, pentru ca toți să știe și să respecte teritoriul orașului său. Frumoase aveau să mai fie cheiurile de la Nil și imaculate, palatele ce aveau să se reflecte în apele măreţului fluviu! Bulevardele urmau să fi fie ample și umbrite, iar lacurile sclipitoare, înconjurate de cei mai frumoși arbori din Asia. Templele urmau să-și înalțe coloanele semețe în albastrul cerului și curți ample urmau să se întindă în bătaia soarelui.

În mintea energică a lui Akhenaton se înălțau deja temple și palate, se auzea deja sunetul muzicii. Pompa Egiptului imperial înlocuia gospodăriile și ogoarele din acel loc și cântecul ciobanului în sălbăticie lăsa loc psalmilor lui Aton. Frumos și fascinant mai era visul! Probabil că nu era pe placul reginei Tiy pentru că Teba era plină de amintiri pentru ea, iar palatul de la malul lacului îi era foarte drag. Sunt motive pentru a presupune că regina-moștenitoare a continuat să locuiască în Teba și după ce fiul său se mutase în noul oraș.

III.3 Prima inscripție

Pregătirile pentru începerea construirii noului oraș au început curând și Akhenaton a fost chemat la ceremonia de fondare. Din fericire, inscripțiile de pe unele pietre de hotar din deșert ne spun unele lucruri despre felul în care faraonul a stabilit teritoriul orașului (traducerea prezentată aici se bazează pe cea publicată de Davies în „Amarna V"; anul nu poate fi însă cel de-al patrulea, cum este menționat acolo, având în vedere că în scrisoarea de mai devreme, din cel de-al cincilea an, faraonul este numit Amenofis, pe când în inscripția respectivă este numit Akhenaton).

Prima inscripție sună în felul următor:

„Anul al patrulea, a patra lună a celui de-al doilea anotimp[55], ziua a treisprezecea (nu este sigur; putea fi și cea de-a patra). Astăzi, faraonul a vizitat Orașul-Orizontului-lui-Aton (numit adesea în restul lucrării „Orașul Orizontului"). Maiestatea Sa a urcat în caleașca din electrum, (arătând) ca Aton când se înalță din orizontul Lui (est) și umple pământul cu iubirea Sa și a început excelenta deplasare (de la campamentul său) la Orașul Orizontului. ... Cerurile erau voioase, pământul era bucuros și fiecare suflet era fericit la vederea Lui. Și Maiestatea Sa a oferit lui Aton un sacrificiu bogat cu ocazia acestei zile de marcare a orașului Orizontului. Au fost oferite pâini, bere, bivoli cu coarne, bivoli ciuți, dobitoace, păsări de curte, vin, tămâie, uleiuri aromatice și ierburi medicinale. ...

După înfăptuirea acestor lucruri și a dorinței lui Aton, ... (faraonul s-a întors din) Orașul Orizontului și s-a odihnit în marele său tron, care este pe-al său plac și care îi înalță grația. Și Maiestatea Sa a continuat alături de Aton, Tată Său, iar Aton a strălucit asupra Lui, reînvigorându-i trupul zi de zi.

Și Maiestatea Sa a spus, «Aduceți-mi tovarășii faraonului, pe cei mari și puternici, conducătorii soldaților și nobilii întregului pământ.» Și aceștia au fost duși în fața sa numaidecât, s-au plocinit în fața Maiestății Sale și au sărutat pământul dinaintea Sa.

Și Maiestatea Sa le-a spus, «Priviți Orașul Orizontului lui Aton, pe care Aton a dorit să i-L construiesc. Pentru că Aton, Tatăl meu, m-a călăuzit spre acest Oraș al Orizontului. Nu mi-a fost indicat de către niciunul dintre nobili. Niciun om din țara mea nu mi l-a indicat, spunând, "Este potrivit ca Maiestatea Voastră să ridice Orașul Orizontului lui Aton în acest loc." Nu! Acela care m-a îndrumat să îl construiesc pentru El, a fost Aton-ul, Tatăl meu. ... Priviți, faraonul a aflat că (pământul acesta) nu aparține niciunui zeu, zeițe, prinț sau prințese. Niciun om nu ar fi fost îndreptățit să fie al său stăpân.»...

(... Iar ei au răspuns și au spus) «*Iată! Aton îți sădește în inimă* (gândul) *privind locul pe care îl dorește. Nu înalță numele altui faraon, ci doar pe-al Maiestății Voastre. Nu* (ridică) *pe altcineva, în afară* (de tine). ... *Tu apropii de Aton toate pământurile, împodobești în cinstea lui orașele pe care El și le-a făcut, toate pământurile, toate țările, neamul Hanebu* (din Marea Mediterană) *cu produsele lor și cu tributul pentru El, care le-a dat viață și datorită razelor căruia trăiesc și respiră. Fie ca El să acorde eternitate la vederea razelor lui. ... Fără îndoială, Orașul Orizontului va prospera asemenea lui Aton în ceruri, pentru vecie.*»

Maiestatea Sa a ridicat, apoi, mâna la cer, către Cel ce l-a făcut și a spus, «*Știu că Tatăl meu Ra-Horakhti Aton, este viu, marele Aton cel viu, care hotărăște mersul vieții, puternic, tatăl meu, bastionul meu de un milion de coți, cel care-mi amintește eternitatea, dovada a tot ceea ce ține de eternitate, Cel care se face cu propriile mâini, care nu a fost făcut, care se demonstrează răsărind și apunând zi de zi, fără oprire. Fie că este în ceruri, fie pe pământ* (referire la razele care vin de la Aton), *toți ochii Îl observă* (negreșit) *în timp ce le inundă pământul cu razele sale și dă viață fiecărui chip. La vederea Sa, ochii-mi sunt mulțumiți zi de zi. Răsare în acest templu al lui Aton din Orașul Orizontului și îl umple cu Sine, cu razele Sale. Este darnic în dragostea sa și își așterne razele în viața mea cât este ziua de lungă, pentru totdeauna.*

Voi construi Orașul Orizontului lui Aton, pentru Aton, Tatăl meu, în acest loc. Nu voi construi Orașul la sud de el, la nord de el, la vest de el sau la est de el. Nu voi trece dincolo de piatra de hotar de la sud și nu voi trece nici de piatra de la nord, pentru a-i construi acolo Orașul Orizontului. Și nu îi voi construi Orașul nici în vest. Nu! Voi construi Orașul Orizontului pentru Aton, Tatăl meu, în partea de est, în locul pe care și l-a împrejmuit cu stânci şi în mijlocul căruia a făcut o câmpie (?), pe care să-mi pot aduce sacrificiile către El. Şi atunci când regina îmi va spune, "Iată, este un loc potrivit pentru Oraşul Orizontului în altă parte," nu îi voi da ascultare. Şi nu voi asculta niciun nobil şi (niciun) om al acestui pământ, (de-mi va spune) " Iată, este un loc potrivit pentru Oraşul Orizontului în altă parte". Fie acela în aval, la sud, la vest sau la est, nu voi spune „Voi abandona acest Oraş al Orizontului şi voi zori să construiesc Oraşul Orizontului în celălalt loc potrivit" şi pentru totdeauna. Nu! Căci eu am găsit acest loc pentru Oraşul Orizontului lui Aton, pe care El însuşi l-a dorit şi care Îl va mulţumi pentru totdeauna.

În acest loc voi zidi un templu al lui Aton, pentru Aton, Tatăl meu. În acest loc voi zidi ... al lui Aton, pentru Aton, Tatăl meu. În acest loc voi înălţa o Umbră-a-Soarelui (se pare că acesta a fost un templu) a Marii Consoarte a Faraonului, Nefertiti, pentru Aton, Tatăl meu. Aici voi face o Casă a Bucuriei pentru Aton, Tatăl meu, pe insula lui „Aton strălucit în Sărbătoare". ... În acest loc voi realiza toate lucrările de trebuinţă pentru Aton, Tatăl meu. În acest loc voi realiza ... pentru Aton, Tatăl meu. În acest loc voi ridica un Palat al Faraonului, pentru mine şi voi ridica Palatul Reginei. În dealurile de est mi se va face un mormânt, în care voi fi îngropat, în care va fi îngropată Marea Consoartă a Faraonului, Nefertiti şi în care va fi îngropată Meritaton, fiica Faraonului. De-o fi să mor în orice oraş din nord, sud, vest sau est, voi fi adus aici şi voi fi înmormântat în Oraşul Orizontului. Dacă Marea Regină, Nefertiti, care trăieşte, va fi să moară în orice oraş din nord, sud, vest sau est, va fi adusă aici şi va fi înmormântată în Oraşul Orizontului. Dacă fiica Faraonului, Meritaton, va fi să moară în orice oraş din nord, sud, vest sau est, va fi adusă aici şi va fi înmormântată în Oraşul Orizontului. Mormântul lui Mnevis va fi făcut în dealurile de est şi va fi înmormântat acolo. Mormintele Marilor Preoţi, cele ale Părinţilor Divini şi cele ale preoţilor lui Aton, vor fi făcute în dealurile de est şi vor fi înmormântaţi acolo.

Pentru că, aşa cum tatăl meu Ra-Horakhti Aton trăieşte ... (cuvintele?) preoţilor sunt mai rele decât lucrurile pe care le-am auzit până în cel de-al patrulea an, sunt mai rele decât lucrurile pe care le-am auzit în ... sunt mai rele decât lucrurile pe care le-a auzit Faraonul

(Nebmaara, al doilea nume al lui Amenofis al III-lea, tatăl lui Akhenaton*), mai rele decât lucrurile pe care le-a auzit Menkheperura (*al doilea nume al lui Tutmes al IV-lea, bunicul lui Akhenaton*). ...»"*

În continuare inscripția este extrem de deteriorată și se mai pot înțelege doar unele cuvinte răzlețe. Par să facă referire la proiectele faraonului: cum avea să construiască nave, depozite de cereale, cum urma să țină sărbători, să planteze pomi și așa mai departe.

Menționarea celui de-al patrulea an de domnie este extrem de interesantă, întrucât se pare că în perioada respectivă faraonul a realizat necesitatea începerii luptei cu preoții lui Amon. În cel de-al patrulea an de domnie, după cum am văzut, au avut loc marile schimbări în domeniul artei și tot de atunci simbolul razelor soarelui a fost introdus în sculptură. Menționarea celor doi faraoni anteriori indică faptul că începuseră să se manifeste unele conflicte. Mai rămăsese doar ca tânărul și energicul faraon să împingă lucrurile până la limita maximă.

III.4 Cea de-a doua inscripție

Inscripția care consemnează aceste evenimente nu avea, probabil, să fie realizată decât la câteva luni după ce ele avuseseră loc. Pe când gravorii se pregăteau să încheie opera, faraonului și reginei li s-a născut cea de-a doua fiică, pe care au numit-o Maketaton, așa că a fost ordonat să fie și ea adăugată pe piatra de hotar alături de sora ei, care apărea deja lângă Akhenaton și Nefertiti. Faraonul era, probabil, tare nefericit pentru că nu i se născuse un băiat. Era tare mâhnit la gândul că dacă ar fi murit toate proiectele sale îi vor fi urmat soarta. El a schimbat textul care urma să fie gravat pe celelalte pietre de hotar. A adăugat un jurământ, sporind astfel integritatea anunțului oficial. Numele celei de-a doua fiice a fost inclus în inscripția care suna în felul următor:

„Anul al șaselea, cea de-a patra lună a celui de-al doilea anotimp, ziua a treisprezecea.

Astăzi Faraonul a fost în Orașul Orizontului lui Aton, în cortul multicolor făcut pentru Maiestatea Sa în Orașul Orizontului, al cărui nume este «Aton-ul este foarte mulţumit». Maiestatea Sa a urcat în caleaşca din electrum, trasă de cai de aceeaşi culoare, arătând ca Aton când se înalţă din orizont şi umple cele două pământuri cu iubirea Sa. Şi a început excelenta deplasare la Oraşul Orizontului, cu această primă ocazie ... pentru a închina un monument lui Aton, după cum poruncise Ra-Horakhti Aton, tatăl său. ... Şi a oferit un sacrificiu bogat.

Şi Maiestatea Sa a luat-o către sud şi şi-a oprit caleaşca dinaintea lui Ra-Horakhti Aton, tatăl său, la (poalele) dealurilor de sud-est, iar Aton a strălucit asupra Lui, reînvigorându-i trupul zi de zi.

Acesta este jurământul solemn rostit de Faraon:

«Aşa cum este viu tatăl meu, Ra-Horakhti Aton, fie ca Marea Consoartă a Faraonului, Nefertiti, să trăiască pentru totdeauna, să îmbătrânească după mulţi ani, lângă Faraon şi fie ca Meritaton, fiica Faraonului şi Maketaton, fiica Faraonului, copiii Reginei, să îmbătrânească lângă Marea Consoartă a Faraonului, mama lor. ...

Acesta este jurământul pe care doresc să îl rostesc şi despre care nu voi spune că este fals niciodată.

Piatra de hotar de la sud se găseşte în dealurile de est. Este piatra de hotar a Oraşului Orizontului, este cea pe care eu am stabilit-o. Nu voi trece niciodată mai la sud de ea. Piatra de hotar de la sud-vest să fie pusă exact în partea cealaltă, în dealurile din vestul Oraşului Orizontului.

Piatra de hotar de mijloc se găseşte în dealurile de est. Este piatra de hotar a Oraşului Orizontului pe care eu am stabilit-o în dealurile din estul Oraşului Orizontului. Nu voi trece niciodată mai la est de ea. Piatra de hotar de mijloc care va fi în dealurile din vest, să fie pusă exact în partea cealaltă.

Piatra de hotar de la nord-est pe care am stabilit-o. Este piatra de hotar din nordul Oraşului Orizontului. Nu voi trece niciodată în aval de ea. Piatra de hotar de la nord să fie pusă exact în partea cealaltă, în dealurile de vest.

Oraşului Orizontului lui Aton se întinde de la piatra de hotar de la sud, până la cea de la nord, pe dealurile de est, pe o distanţă 6 ater, ¾ khe şi 4 coţi (1 ater = 1 stadion grecesc= aprox. 180 m; 1 ater=40 khe). Şi de la *piatra de hotar de sud-vest, până la cea de nord-vest, pe dealurile de vest, pentru exact 6 ater, ¾ khe și 4 coți.*

Și aria demarcată de aceste 4 pietre de hotar, de la dealurile de est, la dealurile de vest, reprezintă Orașul Orizontului. Îi aparține Tatălui meu, Ra-Horakhti Aton, alături de munți, deșerturi, pajiști, insule, podiș, câmpie, pământ, apă, sate, diguri, oameni, animale, crânguri și toate cele cărora Aton, Tatăl meu, le va da ființă, pentru totdeauna.

Nu voi uita niciodată acest jurământ pe care I l-am făcut lui Aton, tatălui meu. Nu! Voi pune să fie gravat pe piatra de hotar de sud-est și pe piatra de hotar de nord-est a Orașului Orizontului. La fel are să fi gravat pe piatra de hotar de sud-vest și pe piatra de hotar de nord-vest a Orașului Orizontului. Nu vor fi șterse, curățate, lovite cu piciorul sau cu piatra și nu vor fi deteriorate. Dacă vor dispărea, dacă vor fi deteriorate sau dacă vor cădea, le voi face din nou, în același loc.»"

III.5 Despărțirea de Teba

Din inscripțiile de mai sus reiese că Akhenaton hotărâse să includă în proiectul său și zona de pe malul de Vest al Nilului, situată în fața amplasamentului inițial. În acea parte se găsesc pietre de hotar, la fel ca în partea de Est. Faraonul avea aproape 18 ani atunci când au fost gravate aceste hotărâri și evoluția proiectelor sale indică un început al maturizării sale.

După începerea lucrărilor la Orașul Orizontului s-a întors, probabil, în Teba și a așteptat cu toată răbdarea posibilă materializarea visului său. Această perioadă de așteptare trebuie să fi fost deosebit de supărătoare, având în vedere confruntările cu preoții lui Amon. Se pare că era deosebit de atașat de consoarta sa, Nefertiti, care avea pe atunci vârsta de 15 sau 16 ani (bustul din muzeul din Berlin reprezintă o fată cu aer visător) și începea să fie o tânără deosebit de atrăgătoare. Nașterea celui de-al doilea copil a însemnat foarte mult pentru el. Ne putem imagina cuplul regal, ducându-și existența în mod agreabil în izolarea palatului, visând la viitorul glorios al noului oraș și la dezvoltarea religiei lui Aton. Sănătatea precară a lui Akhenaton provoca, probabil, multe griji în cercul apropiaților săi. Această stare de sănătate avea, însă, răsplata sa întrucât cei care suferă de epilepsie sunt preferații zeilor și Akhenaton credea, fără îndoială, că halucinațiile cauzate de afecțiunea sa erau viziuni venite de la zei. Ridicarea noului oraș îi oferea o preocupare intensă și îi mai lăsa puțin timp de gândire la prejudiciile pe care i le cauzau preoții lui Amon.

Cel de-al șaptelea an al domniei sale s-a scurs în acest fel, lipsit de evenimente marcante. Din această perioadă datează un monument din Aswan, o placă comemorativă gravată pe o stâncă masivă. Realizarea acesteia a fost dispusă de Bek, sculptorul-șef al faraonului, care coordona lucrările de extragere a granitului roșu pentru decorarea noului oraș. Gravura respectivă îl prezintă pe Bek dinaintea lui Akhenaton (care avea să fie șters ulterior). Lângă ei este reprezentat altarul lui Aton, deasupra căruia se observă tipicele raze ale soarelui. Bek se autointitulează „Conducătorul lucrărilor din Dealurile Roșii (de granit), asistentul instruit de Maiestatea Sa, Șef al sculptorilor măreților monumente ale Faraonului, în reședința lui Aton din Orașul Orizontului lui Aton". Tot aici poate fi văzut și Men, tatăl lui Bek, care fusese Șef al sculptorilor la rându-i, aducând o ofrandă statuii lui Amenofis al III-lea (pe care îl slujise).

Cel de-al optulea an al domniei lui Akhenaton (și cel de-al 21-lea al vieții sale) avea să fie memorabil. A fost anul în care faraonul s-a mutat în Orașul Orizontului. Unele pietre de hotar consemnează o repetare a jurământului regal și, având în vedere că este ultima menționare a unei vizite făcute de Akhenaton în noua capitală, putem presupune că începând cu acel moment, se mutase acolo. Inscripția sună în felul următor:

„*Jurământul* (celui de-al șaselea an) *a fost repetat în cel de-al optulea an, în prima lună a celui de-al doilea anotimp, cea de-a opta zi. Faraonul a fost în Orașul Orizontului lui Aton, a stat în măreața sa caleașcă din electrum și a inspectat pietrele de hotar ale lui Aton. ..."*

Urmează o enumerare a acelor pietre de hotar și inscripția se încheie cu următoarele cuvinte:

„Şi Oraşul Orizontului lui Aton se întinde din stâncă până-n stâncă, de la orizontul de la est, până la orizontul de la vest. Sunt închinate Tatălui meu, Ra-Horakhti Aton, dealurile sale, deşerturile sale, toate păsările sale, toţi locuitorii săi, toate cornutele sale, toate lucrurile pe care le face Aton, pe care strălucesc razele Sale, toate lucrurile din ... Oraşul Orizontului, vor fi închinate Tatălui, lui Aton-cel-Viu, în templul lui Aton din Oraşul Orizontului, pentru totdeauna. Toate acestea sunt închinate spiritului Său. Fie-i minunate razele, atunci când le va primi."

Astfel a fost proiectat şi amplasat oraşul faraonului. Cei doi ani de muncă asiduă dăduseră rezultat şi ne putem imagina că oraşul începuse să prindă contur. Palatul regal fusese aproape terminat, la fel şi reşedinţele nobililor. Probabil că faraonul şi-a luat la revedere de la Teba cu o profundă uşurare. I se născuse cea de-a treia fiică care fusese numită Ankhsenpaaton şi ne putem închipui familia regală, formată deja din multe persoane, navigând pe marele fluviu. Ni-l putem închipui pe Akhenaton, un tânăr slăbit în vârstă de 21 de ani, plimbându-se pe puntea vasului regal, cu un braţ pe umărul tinerei sale consoarte care ţine la piept micuţa prinţesă. Lângă ei sunt celelalte două prinţese, una în vârstă de aproximativ doi ani, iar cealaltă, de aproximativ patru ani. Sora reginei, Nezemmut (despre care vom afla mai multe în curând), se găsea şi ea, probabil, acolo. Ay şi Ty, tatăl şi mama vitregă ai lui Nefertiti, însoţeau cu siguranţă familia regală, alături de unii nobili, care vor fi prezentaţi în paginile următoare.

III.6 Vârsta lui Akhenaton

Am afirmat că faraonul avea vârsta de 21 de ani. Am ajuns în cursul relatării noastre la momentul în care trebuie să dezbatem problema vârstei lui Akhenaton. A fost menţionat faptul că faraonul avea aproximativ 13 ani când a fost căsătorit şi a urcat la tron, 16 sau 17 ani, când au avut loc schimbările în domeniul artei, 19 ani, când a fost fondat noul oraş şi 21 de ani, când s-a mutat în noul oraş. Să examinăm aceste vârste în această ordine.

În primul rând, în ceea ce priveşte căsătoria faraonului. Profesorul Elliot Smith a arătat că mumia lui Tutmes al IV-lea, bunicul lui Akhenaton, este aceea a unui om în vârstă de cel mult 26 de ani. Acestui faraon i-a urmat fiul său, Amenofis al III-lea, despre care se ştie că a fost căsătorit cu Regina Tiy înaintea celui de-al doilea an de domnie şi că era suficiet de mare, în perioada respectivă, pentru a începe să participe la vânătoarea de animale mari[56]. Nu ne putem închipui că i-ar fi fost permis să participe la partide de vânătoare, oricât de sigure ar fi fost acestea, înaintea împlinirii vârstei de 12 ani. Pe de altă parte, dacă ar fi avut mai mult de 12 ani, atunci tatăl său ar fi avut mai puţin de 12 ani atunci când a fost căsătorit. Astfel, singura concluzie viabilă este că atât Tutmes al IV-lea, cât şi Amenofis al III-lea, aveau cel mult 13 ani atunci când au fost căsătoriţi. Faptul că profesorul Elliot Smith a stabilit că mumia lui Amenofis al III-lea era aceea a unui bărbat în vârstă de 45 sau 50 de ani ne confirmă concluzia. Având în vedere că a domnit timp de 36 de ani, avea cel mult 14 ani (probabil, ceva mai puţin) atunci când a urcat la tron şi când a fost căsătorit.

Nu avem suficiente informaţii pentru a stabili la ce vârstă fuseseră căsătoriţi ceilalţi faraoni ai Dinastiei, dar având în vedere vârsta fragedă la care fuseseră căsătoriţi tatăl şi bunicul lui Akhenaton, putem presupune că şi în cazul său s-a întâmplat la fel. Regina Tiy fusese căsătorită, probabil, la 10 sau 11 ani (v. pag. 107). Meritaton, fiica lui Akhenaton, care s-a născut în cel de-al patrulea sau în cel de-al cincilea an al domniei lui, a fost (cum o să vedem ceva mai târziu) căsătorită înaintea celui de-al şaptesprezecelea an de domnie, adică, atunci când avea cel mult 12 ani. Prinţesa Ankhsenpaaton, născută în cel de-al optulea an de domnie, a fost măritată la cel mult doi ani de la moartea lui Akhenaton, la vârsta de 11 ani. O altă fiică a lui Akhenaton, Neferneferuaton, născută în cel de-al unsprezecelea an de domnie, a fost măritată înaintea celui de-al cincisprezecelea an de domnie, prin urmare, la vârsta de 4 sau 5 ani.

Căsătoriile între copii sunt comune în Egipt chiar şi în prezent (1922). Vârsta de 13 ani reprezintă momentul probabil al căsătoriei de convenienţă (de tip regal), după cum pot confirma cei care au locuit în zona Nilului şi au studiat obiceiurile naţionale.

În al doilea rând, în ceea ce priveşte vârsta lui Akhenaton şi schimbările din domeniul artei. În biografia lui Bakenkhonsu, Mare Preot al lui Aton sub Ramses al II-lea, ni se spune că acesta devenise bărbat la vârsta de 16 ani şi se poate presupune că aceasta reprezenta vârsta majoratului în Egipt. După cum am văzut, Akhenaton s-a aflat sub regenţa mamei sale în primii ani de domnie, lucru menţionat în inscripţia de la Wady Hammamat, în care, deşi este prezentat simbolul noii religii, numele reginei Tiy este reprezentat lângă cel al fiului ei, ceea ce indică o egalitate a rangului. Atunci când au avut loc schimbările în domeniul artei, ea încă era Regină regentă, ceea ce înseamnă că Akhenaton nu era încă major, adică nu avea încă 16 ani.

În al treilea rând, trebuie să avem în vedere vârsta pe care o avea atunci când a fondat noul oraş. Aceasta a fost prima acţiune importantă a faraonului care nu a implicat-o şi pe mama sa, pe care ea, probabil, chiar a dezaprobat-o şi indică în mod clar începutul perioadei în care Akhenaton a trecut la conducerea ţării. Dacă a devenit major la 16 ani (la fel ca Bakenkhonsu), în cel de-al patrulea an de domnie, atunci fondarea noii capitale în cel de-al şaptelea an de domnie corespunde ipotezei că ideea părăsirii oraşului Teba coincide cu ajungerea faraonului la maturitate.

Ar putea fi întrebat cum a putut o persoană atât de tânără să conceapă ideea măreaţă a noului oraş dedicat lui Aton. Avea, totuşi, 19 ani atunci când a realizat planurile pentru noul oraş şi 21 de ani când s-a mutat acolo. Akhenaton avea să-şi arate măreţia în timpul domniei sale, în Oraşul Orizontului. Oricum, dacă ne gândim la copiii minune, la cei care captivează publicul la vârste fragede, putem acorda meritul de a fi planificat un nou oraş unui tânăr de 18 sau 19 ani. Copiii extrem de înzestraţi nu sunt rari nici chiar în Occidentul cel rece şi înfloresc cu siguranţă ceva mai des în căldura rodnică a orientului. Califul Al-Hakim[57], de exemplu, a urcat la tron la vârsta de 11 ani şi a emis primele sale decrete religioase şi politice când avea doar 16 ani.

IV. Akhenaton formulează religia lui Aton

"Din câte ştim, aceasta este prima doctrină teologică importantă care a apărut în lume şi este predecesoarea religiilor monoteiste". Petrie, *"Religia Egiptului antic".*

"Akhenaton a fost un om pătruns de spiritul lui Dumnezeu. El a răspuns cu o sensibilitate extraordinară manifestărilor Domnului". Breasted, *"Religie şi cugetare în Egiptul antic".*

IV.1 Aton, Dumnezeul adevărat

Lucrările la noul oraş au fost încheiate atunci când Akhenaton avea aproximativ 22 de ani. Începând din acel moment el s-a putut dedica dezvoltării noii religii. Vom arunca o privire caracteristicilor acestei doctrine, care este cea mai luminată din întreaga lume antică. Faraonul a dezvoltat noul crez pornind de la cultul lui Ra-Horakhti Aton, care se găsea la baza educaţiei sale.

La începuturi Aton reprezenta discul solar. În perioada pe care o vizăm zeul era numit „Căldura din Aton", iar Akhenaton se concentra asupra acestui aspect al divinităţii şi încerca să le prezinte adepţilor săi o forţă intangibilă, dincolo de sfera orbitoare la care aceştia se închinau. În viziunea lui Akhenaton, Dumnezeu reprezenta forţa care făcuse soarele, energia dată acestui pământ de căldura soarelui, ceea ce face toate lucrurile să se dezvolte. Omul de ştiinţă din prezent spune că Dumnezeu este sursa supremă a vieţii, că Dumnezeu se găseşte acolo unde eşuează toate explicaţiile conforme cu legile naturii, că El este, într-un cuvânt, creatorul energiei, sursa primară de energie a tuturor lucrurilor cunoscute. Akhenaton îl concepea pe Dumnezeu în acest fel cu secole înaintea naşterii omului de ştiinţă. Într-o perioadă în care oamenii credeau, aşa cum unii încă mai cred, că o divinitate reprezentă doar o creatură exagerată de pe pământ, o fiinţă materială, acest tânăr faraon a susţinut că Dumnezeu este o esenţă lipsită de formă, nucleul inteligent, forţa iubirii care umple spaţiul şi timpul. Să fie bine înţeles că Aton-ul, în concepţia tânărului faraon, nu era sub niciun chip una dintre vechile divinităţi pe care Dumnezeu (al nostru) le-a înlocuit în Egipt în cele din urmă. Aton-ul este Dumnezeu, aproape aşa cum îl concepem noi. Faraonul atribuia Aton-ului toate calităţile pe care noi i le atribuim lui Dumnezeu. Asemenea unui fulger orbitor în noaptea timpului, Aton-ul se ridică pentru un moment din întunericul Egiptului şi dispare, este primul semn dat acestei lumi cu privire la viitoarea religie a Vestului. Nicio persoană lipsită de prejudecăţi nu poate să nu observe o asemănare mult mai puternică între învăţăturile lui Cristos şi crezul lui Akhenaton, decât între aceleaşi învăţături şi crezul lui Avraam, Isaac şi Iacob. Credinţa patriarhilor reprezintă strămoşul religiei creştine, dar crezul lui Akhenaton este prototipul său izolat. Dumnezeu s-a arăta preţ de un moment în Egipt şi a fost interpretat mai bine (chiar dacă pentru un timp mai scurt) decât a fost vreodată interpretat în Siria sau în Palestina înainte de Cristos.

IV.2 Aton, părintele iubitor al întregii creaţii

Amon-Ra şi vechii zei ai Egiptului fuseseră, în cea mai mare parte, doar fiinţe muritoare deificate, posesori ai unor puteri colosale, dar totuşi limitate şi fuseseră înconjuraţi de fapte umane augmentate. Alte divinităţi, după cum am observat, îşi aveau originea în fenomene naturale, în vânt, în Nil, în cerul înstelat, etc.. Toţi erau grozavi sau răzbunători dacă îşi propuneau să fie şi toţi puteau fi mişcaţi de emoţiile umane. Pentru Akhenaton, însă, deşi lipsea un precedent în acest sens care să-i fi servit de exemplu, Dumnezeu era Tatăl omenirii, intangibil şi totuşi omniprezent, care se arăta în strălucirea soarelui. Tânărul mare preot îşi invita supuşii să nu îl caute pe Dumnezeu în tumultul luptei şi nici în spatele fumului sacrificiilor umane, ci în mijlocul florilor şi arborilor, în mijlocul raţelor sălbatice şi peştilor. El predica un studiu luminat al naturii şi a fost probabil, în unele privinţe, primul apostol al Vieţii Simple.

A făcut tot posibilul să înlăture concepţiile bazate pe convenţii, pe tradiţie şi a îndemnat oamenii să se roage „într-adevăr", în mod simplu, fără mult ceremonial. În vreme ce vechii zei erau de văzut în frământările normale și în incidentele îngrozitoare ale vieții, Tatăl binevoitor al lui Akhenaton se găsea în micile detalii ale existenței, în înflorirea macilor, în adierea care umflă pânzele corăbiilor, în jocul peștilor din ape. Akhenaton își învăța discipolii, asemenea unui mai mare al său, să se adreseze creatorului cu vorbele „Tată care ești în Ceruri". Aton-ul era bucuria care făcea mieii „să țopăie" și păsările „să fluture rapid din aripi pe deasupra mlaștinilor". Era zeul plăcerilor simple ale vieții și chiar dacă însuși Akhenaton cunoștea prea bine amărăciunea și suferința, își îndemna adepții să aibă bucuria drept motto.

Akhenaton nu a permis realizarea niciunui chip cioplit al lui Aton. Faraonul a spus mereu că Dumnezeu cel Adevărat nu are formă. Simbolul religiei era discul soarelui, din care izvorau raze solare care se terminau fiecare cu câte o palmă. Dar simbolul nu era venerat. Pentru creștini, în același fel, crucea este simbolul credinței lor, dar nu este venerată crucea în sine. Înaintea acelui moment omul nu concepuse o divinitate lipsită de formă, un zeu lipsit de cele cinci simțuri umane. Patriarhii evreilor credeau că Dumnezeu se putea plimba printr-o grădină în răcoarea serii, că făcuse omul după asemănarea Sa, că avea chip, formă și o parte de dinapoi. Dar Akhenaton a stăvilit tradiția și a afirmat cu îndrăzneală că Dumnezeu este o esență intangibilă, dătătoare de viață, *căldura* ce izvorăște din soare. Este „Aton-ul viu", adică forța care produce și menține energia și procesele solare. Deși era numit adesea „Aton-ul", numele mai exact era „Stăpânul Aton-ului" (Davies, "Amarna", I, 45). Simbolul divinității cel mai adesea folosit era strălucirea arzătoare a soarelui, iar razele soarelui reprezentau legătura dintre ceruri și pământ, însă Akhenaton a încercat întotdeauna să ridice ochii persoanelor dincolo de această expresie vizibilă sau inteligibilă a divinității, să-i facă să se concentreze pentru a desluși ceea ce se află „în spatele vălului". Ilustrând forța motrice care se găsește dincolo de soare și care se manifestă prin intermediul soarelui, se poate spune că tânărul faraon a trecut dincolo de bariera eternă atât cât este posibil în această viață. Deși atât de îndepărtat, Aton-ul era Tatăl blând și iubitor al întregii omeniri, omniprezent și mereu atent la creaturile sale. Nu era suspin de bebeluș care să nu fi fost auzit de Aton-ul cel intangibil. Aton-ul zorea să aducă alinare imediat ce mielușelul își chema mama. Era „Tatăl și Mama a tot ceea ce crease", cel "care avea grijă de cei mulți din marea Sa generozitate".

Nu se făcea niciodată referire la capacitățile distructive ale soarelui. Sfera nemiloasă sub care asudă și oftează Egiptul an de an în timpul lunilor de vară nu avea nicio legătură cu Tatăl cel bun din concepția lui Akhenaton. Aton-ul era „Domnul Iubirii". Era cel „care crea copilul în femeie și-l alina ca să nu plângă", a cărui iubire, ca să folosim o expresie egipteană de o gingășie deosebită, "face mâinile slabe". Razele Lui erau „încărcate de iubire" asupra poporului Său și „foarte bogate în iubire" asupra orașului Său. "Iubirea Ta este bogată și întinsă", spune un psalm al lui Akhenaton. "Umpli cele două pământuri ale Egiptului cu iubirea Ta" și „Razele Tale înconjoară pământurile... Tu le unești cu iubirea Ta".

Niciodată în istoria lumii nu a fost conceput un zeu care „să iubească lumea atât de mult". În van vor fi cercetate inscripțiile pentru vreo aluzie la o putere ostilă, la răzbunare, invidie sau ură. Psalmistul[58] evreu spunea despre Dumnezeu, "Cum se îndură un tată de copiii lui, așa Se îndură Domnul", iar Akhenaton îi atribuise o astfel de natură lui Aton cu multe secole înaintea scrierii acelor cuvinte. Aton-ul era plin de compasiune, era milos, bun și blând. El nu se mânia. Iubirea Sa debordantă ajungea peste tot, la oameni, la animale și chiar la plantele cele mai mărunte. "Toate florile se deschid," spune unul dintre imnurile lui Akhenaton "și tot ce crește pe pământ prinde putere în zori, o Aton. Beau pe săturate (căldură) sub chipul Tău. Cornutele sar în picioare, păsările ies din cuiburi și zboară fericite, dau repede din aripi în gloria Aton-ului viu".

Este uimitor să citești în fastuosul Egipt despre un zeu care aude „chemarea puiului din ou" și îi dă viață, încântat de faptul că „va ciripi cât îl țin puterile" după ce va ieși din ou, să citești despre un zeu căruia îi place să facă „păsările să fluture rapid din aripi pe deasupra mlaștinilor" și „oile să țopăie". Pentru întâia oară în istoria omului, Dumnezeu fusese înțeles așa cum Îl înțelegem și noi în prezent. Tânărul faraon a înțeles conceptul de Creator generos care, deși îndepărtat, spiritual și impersonal, poate iubi pe fiecare dintre creaturile Sale, mari sau mici. Akhenaton a interpretat bunătatea de nespus a Domnului şi iubirea Sa cu toată claritatea de care poate da dovadă un muritor şi lucrul cu adevărat uimitor este că nu avea pe ce să îşi bazeze teoriile. A fost, din câte ştim, primul om căruia Dumnezeu i s-a revelat drept esenţa bunătăţii pure.

IV.3 Aton, venerat la răsăritul şi la apusul soarelui

Se pare că Akhenaton a ales momentul răsăritului şi momentul apusului soarelui pentru ceremoniile religioase pentru a-şi împiedica discipolii mai ignoranţi să venereze soarele în sine. Pentru că în momentele respective pot fi apreciate lumina şi frumuseţea fenomenului ceresc, iar măreţia soarelui care inspiră teamă reverenţioasă nu este evidentă. Akhenaton încerca să-şi facă discipolii să aprecieze nuanţele blânde ale zorilor şi serii. El le spunea că „frumuseţea" lui Aton, despre care se vorbea atât de des, poate fi înţeleasă pe deplin numai în acele momente. Emoţiile sunt cel mai uşor aprinse în bucuria răsăritului şi în liniştea apusului, iar în Egipt, opalescenţa răcoroasă a zorilor aduce mulţumire în inimă, iar purpura apusului o umple de visare.

Din imnurile lui Akhenaton pot fi culese expresii precum următoarele: "Frumoasă-ţi este urcarea în cer, O Aton-cel-viu, de viaţă dătător. De cum începi a străluci în est, Egiptu-l umpli cu frumuseţea Ta". "Frumos Îţi este asfinţitul, O Aton-cel-viu, ... Tu care îndrumi ... ţările toate să-ţi aducă mărire la răsărit şi asfinţit." „Tot pământul se bucură când Aton-ul răsare; razele Sale fac întreaga Sa creaţie să vadă; iar oamenii spun, «viaţa înseamnă să Îl vezi şi moartea, să nu Îl vezi»". "La asfinţit eşti viu (Aton-ul nu se stinge odată cu lumina soarelui), O Aton, Estul şi Vestul Te slăvesc." „Cobori dincolo de orizont, la vest; apui viu şi bucuros, iar ochii sunt veseli, chiar de sunt în întuneric după asfinţit." „Atunci când te înalţi, ei trăiesc şi mor când Tu apui."

Partea ceremonială a religiei nu pare să fi fost complexă. Preoţii, extrem de puţini la număr, aduceau ofrande (legume, fructe şi flori) lui Aton, iar ceremoniile erau oficiate adesea de faraon şi familia sa. Cântau psalmi şi înălţau rugăciuni, proslăveau Tatăl bucuriei şi iubirii în acordurile unei muzici blânde. Cu toate acestea, nu se considera că Aton-ul aprecia mai tare aceste ceremonii în comparaţie cu alte forme mai simple de mulţumire. De ce ar fi trebuit preamărit Dumnezeu cu vorbe prestabilite şi mişcări studiate, când lumea întreagă îşi manifesta bucuria în faţa Lui? Viţelul care zburda pe câmpia presărată cu maci, păsărelele care cântau în pomi, norii care se întreceau în traversarea cerului, erau cei ce aduceau mulţumire lui Dumnezeu cu adevărat.

Un enunţ al lui Cristos, recent descoperit (Egipt, în 1897 şi în 1903 au fost descoperite fragmente de papirus care consemnau unele cuvinte ale lui Isus), se seamănă cu vorbele lui Akhenaton. Acesta este următorul: "Întrebaţi cine ne cheamă în împărăţie, dacă împărăţia este în ceruri? Păsările cerului, toate animalele care sunt pe pământ sau sub pământ, peştii din mări, toate acestea vă cheamă şi împărăţia este în voi". Contemplarea naturii însemna mai mult pentru Akhenaton decât ceremonialul, iar gândurile sale erau mai uşor atrase de foşnetul frunzelor decât de sunetul instrumentelor sacre.

IV.4 Bunătatea lui Aton

În grădinile din Oraşul Orizontului Akhenaton era înconjurat de frumuseţile naturii. Păsărelele ciripeau în pomii încărcaţi cu fructe, vântul răcoros din nord se strecura printre frunze, făcându-le să foşnească în al lor dans, florile multicolore se oglindeau în ape cristaline. Faraonul urmărea jocul luminii solare cu umbrele albastre şi sufletul i se umplea de recunoştinţă pentru Creator. "O Doamne, felurită-Ţi mai e opera!", "datorită Ţie, întreg pământul este vesel şi sărbătoreşte. Toate strigă de bucurie; veselie şi încântare le aduce vederea Ta." Ce „înfăţişare frumoasă" avea Aton, cel fără de formă şi ce „culori radioase"! "Tot ceea ce ai făcut," spunea faraonul „joacă în faţa Ta! Din Tine izvorăşte frumuseţea formei". "Ochii prind viaţă în faţa frumuseţii Tale, inimile-s sănătoase atunci când Aton străluceşte."

Autorul psalmilor cânta, "Domnul este Păstorul meu: nu voi duce lipsă de nimic" şi Akhenaton exclama din toată inima, "nu cunoaşte lipsa cel ce Te are în inimă, o astfel de persoană nu poate exclama «of, de-aş avea»". "Numai atunci când aduci viaţă oamenilor cu frumuseţea Ta, în inimile lor este viaţă cu adevărat." Aton „a dat sănătate ochilor cu razele Sale" şi „a adus strălucire deasupra întregului pământ". A fost „izvorul abundenţei" şi „hrana Egiptului". Cu câteva secole mai târziu, Dumnezeu avea să-i pară lui David „un turn rezistent de apărare". Pe aceeaşi linie de idei, Akhenaton îl numise pe Aton „zidul lui de bronz de un milion de coţi". Aton-ul era „martorul celor ce aparţin eternităţii", iar pentru cei cu gândurile rătăcite era „memento-ul eternităţii". Era „Domnul Destinului", "Domnul Soartei", "Stăpânul a ceea ce este predestinat", "Originea Soartei", "Destinul dătător de viaţă". Prin această descriere, Akhenaton a atins o poziţie filosofică incontestabilă chiar şi în zilele noastre.

Spre deosebire de Iehova, care era descris drept „mai presus de toţi dumnezeii"[59], Aton era conceput fără rivali şi Akhenaton nu (mai) pomenea cuvântul „zei". O referire obişnuită este „Aton-ul-cel-viu, singurul" şi „Tu eşti singur, dar ai în Tine vitalitate infinită şi cu ea dai viaţă creaturilor Tale".

Din nou spre deosebire de Iehova, despre care se credea că este un zeu mânios, înconjurat de nori şi întunecime, care vorbea în vuietul tunetelor, Aton-ul era „Domnul Păcii" care nu tolera conflictul şi lupta. Akhenaton era împotriva războiului şi a refuzat să intervină pe cale armată în revoltele care au avut loc în provinciile sale din Asia. Aton-ul era o divinitate blândă, neinteresată de vărsarea de sânge. Într-o epocă a gloriei militare, în care sabia şi scutul, coiful şi cămaşa de zale, străluceau în toate oraşele şi pe toate drumurile, Akhenaton s-a opus atitudinii eroice şi nu l-a văzut pe Dumnezeu în chip dramatic.

Akhenaton iubea adevărul mai presus de orice. Sinceritatea, exprimarea directă, onestitatea reprezentau calităţi ce nu puteau fi întâlnite chiar de fiecare dată la egipteni, iar Akhenaton, în opoziţie faţă de ipocrizia şi viclenia din jurul său, se referea la sine drept „cel ce trăieşte în adevăr". Unul dintre discipolii săi spune, "Mi-am pus adevărul în interior, iar falsitatea mă dezgustă, întrucât știu că faraonul iubește adevărul".

Scriitorul dumneavoastră a descoperit în mormântul lui Ramose unele reprezentări din care se desprinde un alt detaliu al doctrinei lui Akhenaton. Pe pereții mormintelor din dinastia a XVIII-a este reprezentată adesea o scenă care pare să prezinte un sacrificiu uman. Un om pare a fi târât către mormânt pe o sanie, iar Sir Gaston Maspero a subliniat faptul că ar fi foarte greu să nu reprezinte un astfel de sacrificiu. Reprezentarea respectivă se găsea pe unul din pereții mormântului lui Ramose și aparținea în mod evident perioadei de dinaintea revoluției lui Akhenaton. Însă atunci când tânărul faraon a formulat religia iubirii, nu a mai putut tolera acest tip de ritualuri barbare. Așa că scena respectivă a fost ștearsă din mormântul lui Ramose cel mai probabil de oamenii faraonului. Neacceptarea sacrificiului uman este strâns legată de neacceptarea suferinței (după cum se va observa la pagina 105).

IV.5 Akhenaton, "fiu al lui Dumnezeu" în baza unui drept consuetudinar

Setea de adevăr a tânărului faraon este de înțeles dacă ne gândim la puzderia de convenții exagerate din perioada respectivă. Dezvoltarea etichetei curții regale ajunsese să închidă viața faraonului într-un ciclu nesfârșit de norme comportamentale. În propovăduirea doctrinei adevărului și simplității, Akhenaton își îndemna mereu supușii să nu considere faraonul un zeu al cerului, după cum se obișnuia. Faraonul era om, deși, bineînțeles, de origine divină. Faraonii obișnuiau să păstreze distanța față de supuși, dar Akhenaton se ducea în mijlocul lor. Curtea regală cerea ca faraonul să meargă singur în caleașcă prin oraș, dar Akhenaton era mereu însoțit de consoarta sa și de copiii săi, iar artistul avea permisiunea de a-l reprezenta jucându-se cu fiica sa cea mică. Atunci când reprezenta faraonul, artistul trebuia să-i confere o atitudine convențională demnă. Akhenaton, însă, insista să fie reprezentat în poziții firești, spre exemplu, sprijinindu-se în sceptru, având grijă de copii sau servind masa de seară. Se poate observa împotrivirea sa față de atitudinile pretențioase și predilecția sa pentru naturalețe.

În timp ce lupta pentru adevăr și sinceritate, nu încerca, totuși, să renunțe la credința în care fusese crescut și anume că, în calitate de faraon al Egiptului, avea origine divină. Era reprezentantul și ca să spunem așa, "fiul" lui Dumnezeu, în baza religiei, dar era „fiul soarelui" în baza descendenței regale. Numele faraonilor erau mereu încadrate de o bandă ovală, numită și cartuș, care era elementul marcant al numelui regal. Akhenaton scria numele lui Aton într-un astfel de oval, indicând faptul că drepturile regale ale faraonului erau primite de la Dumnezeu Însuși și erau ale lui Dumnezeu. Astfel, exista, cum avea să le spună și Cristos discipolilor săi, o împărăție a cerului condusă de Dumnezeu. Deși impersonal, intangibil și incomprehensibil, Aton-ul era chiar „Împăratul împăraților, singurul conducător al prinților". Amon-Ra și alte divinități mai vechi fuseseră denumiți „Împărați ai zeilor". Totuși Akhenaton se referea la Aton prin cuvintele „Împărat și Dumnezeu".

Akhenaton era numit „unicul al lui Ra, a cărui grație a fost creată de Aton" și „fiul drag al lui Aton" căruia „Aton i-a dat naștere". Oamenii de la curtea regală obișnuiau să i se adreseze lui Aton în felul următor: "Razele Tale sunt pe înfățișarea Ta luminoasă, pe Domnul Adevărului (adică pe faraon) din eternitate. Tu i-ai dat durata Ta și anii Tăi, Tu știi tot ce portă-n inimă, pentru că Tu îl iubești. Tu îl faci asemenea lui Aton, pe el, copilul Tău, faraonul." „Tu îl privești, pentru că el își are originea (probabil, în baza descendenței regale) în Tine." „L-ai așezat lângă Tine pentru vecie, pentru că iubește să te privească. ... L-ai așezat acolo (și acolo va sta) până când lebăda se va face neagră și corbul, alb, până când dealurile se vor ridica și se vor pune în mișcare, până când mările adânci se vor vărsa în râuri." „Câtă vreme cerul există, va exista și el." Unii dintre faraoni folosiseră în privința lor expresia „copilul frumos al lui Amon". Akhenaton împrumutase această expresie și i se spunea „copilul frumos al lui Aton".

În calitate de faraon și „fiu al lui Dumnezeu" Akhenaton a pretins și obținut nenumărate omagii. Nu a pierdut însă din vedere faptul că era, în primul rând, un simplu om. Și-a dorit sincer ca viața să-i fie un exemplu demn pentru supuși. A dorit să poată fi observate naturalețea și simplitatea vieţii sale. A promovat situaţia femeii şi sfinţenia familiei, prezentând elemente din viaţa sa conjugală. Avea grijă să fie tandru cu consoarta, să o mângâie afectuos, să îşi petreacă braţul pe după umerii acesteia, în public. Într-un mic bibelou, care este în posesia colonelului Anderson, este reprezentat sărutându-şi regina (buzele lor se ating). Aşa cum am văzut, una dintre vorbele sale solemne era, "Regina şi copiii săi îmi umplu inima de fericire. ..." Se referea mereu la consoarta sa drept „Stăpâna fericirii lui, ... vocea căreia umple de bucurie inima faraonului". Regina era „Doamna graţiei", "bogată în iubire" şi „frumoasă". Akhenaton declara că i-ar fi îndeplinit orice dorinţă. Chiar şi cu prilejul celor mai importante ceremonii, regina stătea lângă Akhenaton şi îl ţinea de mână, în vreme ce copiii se jucau în apropiere. Pentru că astfel de lucruri îi făceau mai mare plăcere Tatălui blând decât aroma ofrandelor arse. Faraonul este reprezentat foarte rar neînsoţit de familia sa şi, contrar tradiţiei, regina are de fiecare dată aceeaşi importanţă cu faraonul, iar reprezentarea sa nu este micşorată în raport cu a lui. Este evident devotamentul lui Akhenaton faţă de copiii săi. El îşi învaţa discipolii să creadă că Dumnezeu este tatăl, mama, doica şi prietenul celor tineri. Aşadar, deşi era „fiul lui Dumnezeu", Akhenaton slăvea familia (umană) şi accentua caracterul sfânt al căsătoriei şi al calităţii de părinte.

IV.6 Legătura cultului lui Aton cu religiile vechi

Dezvoltarea religiei lui Akhenaton a dus, cu siguranţă, la exacerbarea conflictului dintre acesta şi preoţii vechilor zei ai Egiptului. Nici chiar Ra-Horakhti, de la care pornise dezvoltarea noului crez, nu mai corespundea ţelului tânărului faraon. În momentul la care ne referim, cultul lui Aton nu părea să fie impus în provincii, iar preoţii diferiţilor zei nu erau persecutaţi. Fără niciun dubiu, faraonul spera că ar fi reuşi să convingă întreaga ţară să adopte noul cult imediat după definitivarea acestuia. În siguranţă în noul său oraş, faraonul se putea dedica perfecţionării noii religii, înaintea scoaterii celorlalte credinţe în afara legii.

Mnevis, taurul sacru, fusese probabil eliminat deja din ceremoniile religioase, întrucât nu mai figurează pe morminte şi nu mai este menţionat după cel de-al şaselea an de domnie al faraonului. Preoţii din Heliopolis şi-ar mai fi recunoscut cu greu doctrina în cultul exaltat al lui Aton, cu toate că se păstrau unele puncte de strânsă legătură. Pot fi găsite, de asemenea, unele asemănări superficiale cu religiile lui Adonis din Siria, din care provenea, de fapt, Aton. A fost menţionat deja cultul lui Adonis. Puterea acestei divinităţi cunoştea o vastă întindere şi influenţa sa se făcea simţită în multe religii. Ecouri ale acestui vechi cult păgân pot fi întâlnite în Cartea Psalmilor din Vechiul Testament. Spre exemplu, în unele versuri din Psalmul al XIX-lea:

„Cerurile spun slava lui Dumnezeu. ...
În ceruri, El a întins un cort soarelui,
Care este un mire ce iese din odaia lui de nuntă,
Şi se aruncă în drumul lui cu bucuria unui viteaz. ...
Nimic nu se ascunde de căldura lui."

Aici poate fi recunoscut tânărul Adonis, mirele lui Venus. Iar în cultul din Heliopolis, la începutul domniei lui Akhenaton, referirea la soare, la Ra, suna în felul următor: *"Tu eşti tânăr şi frumos ca Aton, dinaintea mamei sale Hathor (Venus)"*.

Adonis poate fi întrezărit în religia lui Akhenaton. Unul dintre funcţionarii de la curtea regală deţinea funcţia de „Administrator al Casei pentru facilitarea odihnei lui Aton" (cuvântul egiptean *sehetep* a fost tradus astfel de prof. Breasted, dar nu este singura interpretare). Regina lui Akhenaton este menţionată în mormântul lui Ay, sub titlul neobişnuit de „Cea care îl adoarme pe Aton cu vocea ei suavă şi cu cele două sistre din frumoasele sale mâini". "Casa" reprezenta cu siguranţă templul în care erau rostite rugăciunile de seară ale lui Aton, iar din titulatura reginei reiese că ea avea un rol în cadrul acelor ritualuri de seară. Faptul că o femeie oficia un ritual constând în deplângerea (imnurile lui Akhenaton conţin expresii de tipul „cânt Tu apui, ei mor") plecării soarelui, sugerează o legătură (fie aceasta cât de îndepărtată) cu povestea lui Venus şi a lui Adonis. Tânguirea lui Venus la moartea lui Adonis, adică, la apusul soarelui, reprezenta un ritual fundamental al religiilor mediteraneene.

Aceasta este o altă legătură cu o religie mai veche pe care Akhenaton s-ar fi putut gândi să o înlăture. Se poate presupune că astfel de rămășițe ale credințelor anterioare au fost eliminate pe măsură ce tânărul faraon și-a dezvoltat crezul. Curând, superstiția avea să fie eliminată în totalitate din noua religie. Acest faraon de acum 3000 de ani s-a eliberat de piedicile superstițiilor și a ajuns pe măsura cugetătorilor din zilele noastre.

IV.7 Necesitățile spirituale ale sufletului după moarte

„Lumina este cu adevărat minunată și pentru ochi este o plăcere să vadă soarele", spune o scriere sacră, în cuvinte desprinse, parcă, de pe buzele lui Akhenaton. "Chiar dacă omul a trăit ani mulți cu bucurie, să-și amintească totuși de zilele întunecate, că multe vor mai fi." Akhenaton a revoluționat credințele egiptenilor cu privire la natura lui Dumnezeu și a modificat și limpezit teoriile acestora în privința existenței sufletului după moarte. Potrivit vechilor credințe, după cum am observat, sufletul omului trebuia să traverseze niște locuri îngrozitoare pentru a ajunge în fața tronului lui Osiris, unde era pus în balanță. Dacă balanța se înclina defavorabil, sufletul era devorat de un monstru feroce, iar dacă balanța se înclina favorabil, sufletul era primit în Câmpiile Elizee[60]. Până să ajungă în fața lui Osiris, sufletul întâlnea spirite, năluci, semizei și trebuia să știe pe dinafară un șir lung și complicat de formule magice. Numai repetarea corectă a formulelor respective, combinată cu executarea corectă a elementelor magice corespunzătoare îi putea asigura libera trecere.

Akhenaton a aruncat în foc toate aceste formule. Demoni, năluci, spirite, monștri, semizei, alături de Osiris și toată curtea sa regală, au fost aruncați în foc și praful s-a ales de ei. Akhenaton credea că după moartea omului sufletul continua să existe sub forma sa astrală, imaterială, într-un paradis feeric. Din când în când sufletul venea în vizită pe pământ, pe unde colinda sub forma unei umbre. În baza anumitor inscripții se poate considera (se constată o asemănare între învățăturile lui Akhenaton și o parte a Crezului Apostolic) că după moarte corpul va fi primit din nou „carne, oase și toate, câte țin de natura umană"[61]. În mințile gânditorilor creștini sunt, însă, unele dubii și neclarități în ceea ce privește sensul acestui enunț. Unele îndoieli existau și în doctrina lui Akhenaton. Nu era clar dacă natura corpului este spirituală sau materială în existența sa nedeslușită din Dealurile de Vest[62]. Sufletul continua să râvnească la plăcerile vieții terestre și să fugă de neajunsurile acesteia, încă simțea foamea și setea și putea savura o înghițitură de apă sau o masă bună, încă se încălzea la soare sau căuta răcoarea locurilor umbrite.

Nu aflăm nimic despre iad. Sensibilitatea lui Akhenaton nu-i permitea să creadă că Dumnezeu ar fi permis suferința vreuneia dintre creaturile Sale, indiferent de păcatele acesteia. Inscripțiile par să indice că pentru cei răi nu va mai fi existat o viață viitoare, că respectivii ar fi fost anihilați, deși putem presupune că aproape în orice om se găsește suficient bine care să-i obțină mila unui zeu atât de bun cum era Aton-ul.

Prima mare dorință o oricărei persoane decedate era să poată veni în fiecare zi de pe lumea cealaltă pentru a vedea strălucirea soarelui. Aceasta fusese rugăciunea egiptenilor încă din timpuri străvechi și fusese reformulată pentru a se potrivi religiei lui Aton. Discipolii lui Akhenaton se rugau „să li se permită să vină pe pământ (de pe lumea cealaltă) dimineața, pentru a-l vedea pe Aton la răsărit". Se rugau cu insistență și emoție pentru ca spiritele lor să poată „ieși pentru a vedea razele soarelui", "ochii să li se deschidă și să vadă soarele", pentru ca „nu cumva să nu-L poată vedea", să „nu-i fie pierdut nicicând frumosul chip al soarelui", să „vadă frumusețea fiecărui răsărit" și „razele soarelui să le mângâie trupurile". Câteodată, sufletul tânjește să-l vadă pe Aton, cu alte ocazii, pe Ra, soarele. De fiecare dată, însă, lumina și căldura soarelui par să fie dorite cu înfocare. Condițiile abstracte ale vieții viitoare puteau fi interpretate doar în baza existenței omului. Pentru a înlătura mâhnirea produsă de contemplarea misterului rece al morții, Akhenaton crease rugăciunea pentru lumina binecuvântată a zilei. Omenii se rugau pentru ca sufletele lor să vadă strălucirea soarelui, se rugau să li se acorde bucuria prezenței lui Dumnezeu, pentru că Dumnezeu era lumina lumii.

Cea de-a doua dorință era să aibă și după moarte bunăvoința faraonului și reginei și sufletele lor să poată servi sufletele faraonului și reginei, în palatele morților. Se rugau pentru „repeziciune în prezența faraonului" în îndeplinirea poruncilor, se rugau pentru a fi primiți în palat, "intrând acolo din favoare și ieșind de acolo plini de iubire", se rugau „pentru a-l putea servi pe faraon în fiecare zi" și pentru „a fi onorați în prezența faraonului".

Pentru mulțumirea pe lumea cealaltă, se rugau ca „numele să le fie pomenite pe pământ", "să fie amintiți cu plăcere în palatul faraonului" și „numele să le fie pomenite de curteni" și „să fie bineveniți acolo". "Fie ca numele să ne dăinuie în mormânt", "să nu fie uitate în casele noastre. Să fie onorate pentru totdeauna." Și în zilele noastre necrologurile conțin cuvinte frumoase la adresa decedatului și oamenii își doresc să fie reamintiți.

IV.8 Necesitățile materiale ale sufletului

Pentru păstrarea legăturii sufletului cu pământul, cel care se închina la Aton se ruga pentru mumia sa, pentru nedeteriorarea și „rezistența" acesteia, pentru „dăinuirea cărnii pe oase" și pentru ca oasele să rămână „unite". Egiptenii de altădată credeau că trupul va fi prins din nou viață în momentul învierii și acesta era motivul pentru care încercau să îl conserve. Akhenaton nu pare să fi schimbat această concepție în privința corpului material. Și în baza convingerilor creștine trupurile urmează să iasă din morminte în Ziua Judecății de Apoi.

Corpul spiritual păstra forma și caracteristicile corpului material, motiv pentru care (deși în mod ușor nedeslușit) se considera că necesitățile sufletului nu urmau să fie (complet) diferite față de cele ale trupului pe pământ. Cristos a cerut mâncare după ce a înviat, iar deliciile din Rai reprezentau mai mult decât o simplă alegorie pentru mulți creștini. În mod asemănător, discipolii lui Akhenaton credeau că hrana materială sau echivalentul său spiritual, era necesară pentru bunăstarea sufletului pe lumea cealaltă. "Să-mi fie rostit numele și voi răspunde chemării, pentru a mă hrăni cu bunătățile aduse pe altarul din templu." Se pare că în baza devotamentului pentru crezul lui Aton, ar fi avut privilegiul de a primi din ofrandele aduse în templu cu prilejul sărbătorilor importante, având în vedere că după ce erau făcute, aceste ofrande alimentele erau distribuite preoţilor şi celor de lângă morminte, care reprezentau interesele morţilor. Astfel, cel decedat se roagă „să primească din cele care au fost oferite în templu", "să primească din cele oferite de faraon în fiecare loc sfânt", "din băutura oferită în templul lui Aton", "din alimentele puse zilnic pe altar" şi „din orice este oferit în sanctuarul lui Aton din Oraşul Orizontului lui Aton". Mai cerea să „fie vărsat vin" pentru el şi „copiii casei sale să verse băutură pentru el, la intrarea în mormântul său".

Dumnezeu era evident pentru cei ce Îl căutau, câtă vreme trăiau. Dumnezeu putea fi găsit în strălucirea soarelui, în pulsaţiile pământului, în curgerea fluviului, în înflorirea grădinilor. Pentru că Dumnezeu era fericire, era frumuseţe, era iubire. Dar cum ar mai fi putut exista mulţumire atunci când ceaţa rece a morţii învăluia omul, când primăvara nu mai exista şi bobocii de floare nu se mai deschideau? Akhenaton îşi îndemna din străfundul sufletului discipolii să se roage la Dumnezeu pentru acestă muţumire, chiar dacă putea fi articulată doar în cuvinte umane. Sufletul nu avea nevoie de „parfumul dulce" şi nici de „mirosul de tămâie", dar cum altfel ar putea fi exprimată în cuvinte buna dispoziţie şi bucuria? Se rugau ca „toate părţile trupurilor lor să aibă parte de plăcere în fiecare zi". În aerul închis al mormântului, tânjeau după adierea „brizei celei dulci", după „plăcutul suflu al vântului ce vine de la Nord". Sperau să poată revizita, în chip de umbre, momentele preferate ale vieţii. "Fie să mă ridic şi să uit de letargie", se ruga cineva; "fie să pot pleca şi intra în casa mea", altcineva. "Fie ca sufletul să nu-mi fie oprit de la ceea ce doreşte. Fie să merg după bunul plac prin crângul pe care l-am plantat. Fie să pot bea apă zi de zi la ţărmul lacului meu. Fie să beau apă din ulciorul meu şi să primesc fructe din pomii mei", se ruga un altul. Fiecare om Îl implora pe Dumnezeu fără încetare să fie lăsat să-si răcorească buzele însetate cu puţină apă. "O înghiţitură de apă, de pe malul râului, o înghiţitură de apă din zbuciumul râului." Nu cunoştea groaza morţii câtă vreme simţea „aroma vântului" care sufla printre florile „unui buchet al lui Aton", iar lângă el „un pârâu curgea liniştit". Şi în acest fel, primind „toate, câte bune şi înmiresmate", putea spera la „sănătate şi prosperitate" pe dealurile și în văile din Vest, la „o viață încărcată cu plăcere și bucurie", la „amuzament, veselie și desfătare" și la „sărbătoare zilnică", pentru eternitate.

S-ar putea spune că această idee materială în privința vieții de dincolo de moarte nu se ridică la nivelul purității credinței în Aton. Să fie, atunci, mai puțin nobilă credința într-un paradis în care este veselie, parfum de flori și o adiere a vântului ce suflă de la nord, decât o alta, în care străzile sunt pavate cu aur și se găsesc multe conace? Nicio altă credință nu se apropie mai tare de Creștinism, decât credința lui Akhenaton, iar dacă doctrina faraonului în ceea ce privește nemurirea nu este în totalitate convingătoare, la fel se întâmplă și cu cea creștină, cel puțin în interpretarea din prezent. Comparațiile de până acum dintre crezul lui Akhenaton și Creștinism, au fost necesare pentru că aceste două religii au multe în comun. Această comparație este, bineînțeles, defavorabilă doctrinei faraonului. Să nu fie pierdut din vedere faptul că Akhenaton a trăit cu aproximativ 1300 de ani înainte de nașterea lui Cristos, într-o epocă în care lumea era cufundată în superstiție și în negura idolatriei. În această lumină, Tatăl blând și iubitor al lui Akhenaton poate fi considerat o revelație timpurie a lui Dumnezeu, Cel căruia ne închinăm în prezent.

„*Nenumărate sunt căile Domnului.*"

V. Cel de-al zecelea, cel de-al unsprezecelea şi cel de-al doisprezecelea an de domnie

„Nu se poate să nu fie simţită admiraţie pentru tânărul faraon, care şi-a găsit în inimă astfel de gânduri în epoca în care a trăit." Breasted, „Istoria Egiptului".

V.1 Imnurile celor ce se închinau lui Aton

Pereţii mormintelor persoanelor avute care au trăit şi au murit înaintea epocii lui Akhenaton erau în mare parte acoperiţi cu inscripţii religioase. Nobilii din Oraşul Orizontului au fost probabil nedumeriţi la început, atunci când îşi construiau mormintele, neştiind cu ce să înlocuiască inscripţiile respective care fuseseră interzise. Curând, însă, avea să apară obiceiul reprezentării unor scurte fragmente din imnurile care erau cântate în onoarea lui Aton. Sunt puţine cazurile în care inscripţiile respective redau psalmi întregi. În mormântul lui Ay se găseşte un imn elaborat. În perioada respectivă, în temple se foloseau cu precădere doi psalmi, practic versiuni de lungimi diferite ale aceleiaşi compoziţii.

Egiptenii obişnuiau să compună imnuri în onoarea zeilor şi câteva dintre acestea s-au păstrat înscrise pe pereţii vechilor temple. Asemenea psalmilor evreilor de mai târziu, nu aveau, de fiecare dată, un nivel moral ridicat. Sunt adesea doar cântece de victorie, care pomenesc bătălii, tunete, furtuni şi care slăvesc urgia cerurilor. Versiunea lungă a imnului lui Aton (care va fi prezentată integral) nu se aseamănă cu celelalte imnuri. Acest imn se ridică peste poemele din antichitate atât în privinţa conţinutului, cât şi a stilului compoziţiei.

„Frumos îţi este răsăritul, dincolo de orizont,
O Aton-cel-Viu, început al vieţii!
Când Te ridici peste marginea de est a cerului,
Reverşi frumuseţea Ta în toate locurile;

*Căci eşti frumos, măreţ, strălucitor, sus, deasupra pământului.
Razele Tale cuprind toate pământurile, operele Tale.
Tu eşti Ra şi pe toate le-ai prins,
Le-ai legat cu iubirea Ta.
Deşi eşti departe, razele Tale sunt pe pământ,
Deşi eşti în înalt, ziua este expresia ta.*

*Când cobori, în vestul cerului,
Lumea-i în întuneric, asemenea celor morţi.
Oamenii dorm în odăile lor,
Capetele le sunt învelite,
Nările le sunt înfundate şi nimeni nu vede pe altcineva.
Toate de sub cap le sunt furate,
Iar ei nu ştiu.
Leii ies din vizuini,
Şerpii toţi, muşcă.
Întunericul domneşte,
Lumea-ntregă e tăcută:
Cel ce toate le-a făcut, odihneşte-n al Său cer.*

*Pământul este luminos când Tu te ridici în cer
Ziua, când străluceşti în chip de Aton.
Întunericul îl izgoneşti
Razele când Îţi trimiţi.
Cele două pământuri (ale Egiptului) zi de zi sărbătoresc,
Sunt active,
Căci le-ai trezit.
S-au spălat şi îmbrăcat,
Braţele au ridicat să Te salute
Şi lucrul peste tot în lume au reluat.*

*Vitele toate pe păşune odihnesc,
Pomii şi plantele înfloresc;
Păsările zboară peste ape,*

*Cu aripile ridicate Te slăvesc.
Oile saltă pe câmpii,
Zboară toate înaripatele,
Toate trăiesc când le oferi strălucirea Ta.*

*Vasele umblă şi-n amonte şi-n aval.
Drumurile sunt deschise pentru că ai răsărit.
Peştii din râu sar înaintea Ta,
Razele-ţi sunt în mijlocul întinsei mări.*

*Tu creezi pruncul în femeie,
Tu faci sămânţa în bărbat,
Tu dai viaţă fiului în pântecul mamei sale,
Tu îl alini, de nu mai plânge,
Un protector (chiar) de la început.
Cu suflul Tău dai viaţa la tot ce ai creat.
Atunci când la lumină ies, din trup ...
În ziua de naştere,
Tu îi dai glas,
Tu îi dai cele de trebuinţă.*

*Când puiul strigă din ou,
Ti îi trimiţi un suflu şi îl ţii în viaţă;
Când i-ai încheiat formarea
Şi poate străpunge coaja oului,
Iese din ou
Şi piuie cât poate de tare;
Se mişcă repede, de colo, colo,
După ce a ieşit din ou.*

*Multe mai sunt operele Tale!
Acestea sunt ascunse privirilor noastre,
O, unic Dumnezeu, a cărui putere nimeni altul nu are.
Ai creat pământul după bunul plac,*

Atunci când erai singur:
Oameni, animale mari şi mici,
Toate, câte-s pe pământ
Şi se mişcă pe acesta;
Toate, câte-s în înalt
Şi zboară.
Siria, Nubia[63]*,*
Pământul Egiptului;
Aşezi tot omul în al său loc
Îi dai toate cele de trebuinţă.
Toţi cu propria avere
Şi cu zilele numărate.
Toţi cu graiuri diferite,
La fel, aspectul şi culoarea,
Pentru că Tu, separatorule, ai despărţit popoarele.
Tu faci Nilul în tărâmul de jos
Tu îl aduci în baza propriei doriţe, oamenii să-i ţii în viaţă.
O, Domn al tuturor, când sunt cuprinşi de slăbiciune,
O, Domn al familiilor toate, ce pentru ele Te înalţi,
O, soare al zilei, veneraţia tuturor pământurilor îndepărtate,
Le dai viaţa (şi) lor.
Ai făcut un Nil în ceruri,
Care să cadă pentru ei,
Şuvoaie pe munţi să facă, la fel ca marea de bogate,
Să ducă apă pe ogoare şi-n oraşe.

Excelente sunt lucrările Tale, O, Domn al veşniciei!
Nilul, cel din ceruri este pentru străini
Şi pentru vitele de pretutindeni;
Dar Nilul care vine din adâncuri, este al Egiptului.
Iar razele tale hrănesc toate grădinile;
Atunci când Te ridici, trăiesc şi cresc, prin Tine.

Anotimpurile le dispui, ca să-ţi produci lucrarea toată;

Iarna, ce-aduce răcoare
Şi căldura, (de vară adusă).
Ai creat îndepărtatul cer, ca să Te înalţi în el,
Şi toate, câte ai făcut, de-acolo să priveşti,
Când Tu singur erai,
Înălţându-Te în forma Viului-Aton,
Răsărind, asfinţind şi răsărind încă o dată.

Frumuseţea formei, Tu ai făcut-o toată,
Oraşe mari şi mici şi alte aşezări,
Dispuse de-alungul căilor terestre sau celor de pe ape.
Toţi ochii, dinaintea lor te văd,
Căci Tu eşti Aton-ul (sau Domnul) zilei pe pământ.

În inimă Te port;
Nimeni altul nu Te ştie,
Doar Akhenaton, al Tău fiu.
I-ai dat înţelepciune în baza planului divin
Şi prin puterea Ta.
Lumea întreagă Îţi stă în palmă,
Chiar şi după ce ai făcut-o.
Când Te înalţi, trăiesc toţi,
Iar când apui, toţi mor.
Prin Tine dăinuie, dincolo de trup;
Prin Tine, oamenii trăiesc,
Toţi ochii, frumuseţea Ta privesc
Până la apus.
Truda toată încetează
În vest când asfinţeşti.
Când Te înalţi, toate primesc imbold să crească. ...
Încă de când ai creat pământul
Toate le-ai făcut să crească pentru fiul Tău,
Cel ce din Tine a ieşit,
Faraonul, ce-n adevăr trăieşte, ...

Akhenaton, a cărui viaţă-i lungă;
(Şi pentru) marea consoartă regală, preaiubita lui,
Stăpâna celor Două Pământuri, ... Nefertiti,
De-a pururea înfloritoare."

V.2 Asemănările dintre imnul lui Akhenaton şi Psalmul CIV

Imnul lui Akhenaton prezintă asemănări clare cu Psalmul CIV. Este edificatoare o lectură în paralel:

Imnul lui Akhenaton	Psalmul CIV
Lumea este în întuneric, asemenea celor morţi. Toţi leii ies din vizuini, şerpii toţi, muşcă. Întunericul domneşte.	20 Tu aduci întunericul şi se face noapte: atunci toate fiarele pădurilor se pun în mişcare. 21 Puii de lei mugesc după pradă; îşi cer hrana de la Dumnezeu.
Când Tu răsari la orizont ... întunericul îl izgoneşti. ... Apoi în toată lumea, ei fac muncile lor.	22 Când răsare soarele, ele fug înapoi şi se culcă în vizuinile lor. 23 Dar omul iese la lucrul său şi la munca lui până seara.
Pomii şi plantele înfloresc, ... păsările zboară peste ape. ... Oile saltă pe câmpii.	16. Pomii Domnului sunt plini de sevă ... 17 În ei îşi fac păsările cuiburi ... 18 Munţii cei înalţi sunt refugiu pentru ţapii sălbatici...
Vasele umblă şi-n amonte şi-n aval... Peştii din râu sar înaintea Ta; şi razele-ţi sunt în mijlocul întinsei mări.	25 Iată marea cea întinsă şi mare: în ea sunt ... vieţuitoare mici şi mari. 26 Acolo pe ea umblă corăbiile...

Multe mai sunt operele Tale! ... Ai creat pământul după bunul plac... oameni, animale mari şi mici... toate, câte-s pe pământ. ...	24 Cât de multe sunt lucrările Tale, Doamne! Tu pe toate le-ai făcut cu înţelepciune şi pământul este plin de făpturile Tale.
Ai făcut un Nil în ceruri, care să cadă pentru ei, şuvoaie pe munţi să facă ... şi să le ducă apă pe ogoare. Nilul, cel din ceruri este pentru străini şi pentru vitele de pretutindeni.	13 Din locaşul Tău cel înalt Tu uzi munţii; şi se satură pământul de rodul lucrărilor Tale. 14 Tu faci să crească iarba pentru vite şi verdeţuri pentru nevoile omului ...
Anotimpurile le dispui. ... Ai creat îndepărtatul cer, ca să Te înalţi în el, ... răsărind, asfinţind şi răsărind încă o dată.	19 El a făcut luna ca să arate vremurile; soarele ştie când trebuie să apună.
Lumea întreagă Îţi stă în palmă, chiar şi după ce ai făcut-o. Când Te înalţi, trăiesc toţi, iar când apui, toţi mor. ... Prin Tine, oamenii trăiesc.	27 Toate acestea Te aşteaptă ... 28 când Tu le dai (hrană), ele o primesc; Îţi deschizi Tu mâna, ele se satură de bunătăţile Tale. 29 Îţi ascunzi Tu Faţa, ele tremură; le iei Tu suflarea, ele mor ...

Nu ne putem îndoi în privinţa legăturii dintre aceste două compoziţii, având în vedere această asemănare remarcabilă. Este necesar să ne întrebăm dacă imnul lui Akhenaton şi acest psalm al evreilor au o sursă siriană comună sau dacă Psalmul CIV derivă din poemul faraonului. Ambele ipoteze sunt admisibile, dar având în vedere talentul şi originalitatea lui Akhenaton, este foarte mare probabilitatea ca poemul să fie opera sa.

Tânărul faraon avea probabil 22 sau 23 de ani atunci când a compus acest imn. Aceasta este o vârstă la care mulți dintre cei mai mari poeți ai lumii au scris unele dintre cele mai frumoase poeme ale lor. Este limpede că se considera singurul om căruia i se revelase Dumnezeu. Nu menționează niciodată că ar fi fost învățat cum să-l privească pe Dumnezeu, dar se consideră (și alții îl consideră la rândul lor) inițiatorul și învățătorul credinței, ceea ce indică faptul că ideile exprimate în imn sunt în întregime ale sale. Religia lui Aton a fost mereu numită „Învățătura", ceea ce sugerează că însuși faraonul era „învățătorul" noului crez.

V.3 Merira este făcut Mare Preot al lui Aton

Religia lui Aton fusese formată și devenise religia curții regale în noua capitală. Pentru a se putea ocupa de convertirea întregului Egipt, Akhenaton a delegat chestiunile legate de organizarea și administrarea noii religii unui nobil care făcea parte dintre discipolii săi. În calitate de conducător al statului, avea foarte multe probleme de care trebuia să se ocupe și principiile lui înalte îl făceau, probabil, să se implice mai adânc în administrație decât obișnuiau faraonii înaintea sa. Sănătatea sa precară nu-i permitea probabil prea mult efort, dar a fost, cu toate acestea, faraonul cu cele mai multe idei și proiecte. Tânărul faraon le expunea adepților doctrina și putem presupune că petrecea mult timp în palat sau în grădină, lângă Nil, vorbind cu înfocare despre frumusețile lui Aton.

Așadar, Akhenaton a numit un „Mare Preot al lui Aton în Orașul Orizontului lui Aton". Acesta se numea Merira (singurul Mare Preot al lui Aton cu atestare certă), era cel mai înfocat adept al învățăturilor sale și fusese alături de noua mișcare religioasă încă de la început. Acest pas fuse necesar pentru a se elibera de anumite sarcini și pentru a se putea ocupa de administrarea și convertirea regatului. Din păcate știm extrem de puțin despre cariera lui Merira. Cu toate acestea, pe pereții mormântului său situat în dealurile din spatele capitalei se găsesc unele reprezentări care ilustrează evenimente din viaţa sa şi din viaţa lui Akhenaton.

Una dintre scenele reprezentate ilustrează ceremonia de învestire a lui Merira. Faraonul se găseşte, împreună cu soţia sa şi fiicele sale, în palat, la o fereastră care se deschide într-o logie viu decorată. Pervazul ferestrei este încărcat cu perne viu-colorate, iar membrii familiei regale se apleacă peste acestea pentru a se adresa lui Merira şi celorlalte persoane care asistă la ceremonie în logia din exterior. Partea exterioară a zidului logiei este decorată cu ghirlande de flori de lotus (naturale sau pictate) şi cu modelele multicolore tipice acestui gen de clădire în Egiptul antic. Panglicile atârnate de grinzile subţiri din lemn de lotus care susţin acoperişul flutură în briza delicată, într-o competiţie a culorilor cu evantaiele din pene roşii şi albastre de struţ şi drapelele purtate de oficialii curţii regale.

Akhenaton îi face semn lui Merira să se ridice, întrucât apariţia feţelor regale îl făcuse să îngenuncheze. Faraonul îi adresează discipolului preferat următoarele cuvinte solemne: "Iată, te numesc Mare Preot al lui Aton, pentru mine, în Templul lui Aton din Oraşul Orizontului lui Aton. Fac acest lucru din iubire pentru tine şi îţi spun: O, slujitorul meu, tu mi-ai ascultat învăţăturile, iar inima mi-e mulţumită de toate cele ce-ai făcut. Îţi confer această funcţie şi îţi spun: vei mânca hrana faraonului, Domnul tău, în Templul lui Aton".

Imediat, membrii asistenţei îl înconjoară pe Merira şi îl ridică în sus, în timp ce noul Mare Preot exclamă, "Îmbelşugată este răsplata pe care Aton o oferă atunci când inima-i este mulţumită". Faraonul continuă prin a-i da lui Merira însemnele specifice postului şi alte daruri scumpe, care sunt preluate de servitori şi de alte persoane prezente în logie. În spatele acestor persoane, în fundal, se poate observa caleaşca ce urmează a-l purta pe Marele Preot înapoi la reşedinţa sa şi purtătorii de evantaie care îl vor petrece. Femeile de la palat care vor conduce procesiunea în sunet de tamburine şi vor aşterne flori de-a lungul drumului, dansează cu entuziasm când îl văd pe Merira ridicat pe braţe.

Nu este vorba de o iniţiere solemnă cu caracter ocult a unui ascet în misterul noii religii, ci de numirea unui om de nădejde într-un post de mare onoare. Misterul nu făcea parte din crezul lui Aton. Sinceritatea și caracterul deschis erau temele dominante ale doctrinei lui Akhenaton: venerarea lui Dumnezeu în lumina binecuvântată a zilei și intonarea psalmilor veseli în curțile deschise ale templului. Iar persoana desemnată să fie Mare Preot era mai probabil să fie un om de familie onest, cu frica lui Dumnezeu și cu o viață sănătoasă, decât un ascet care abandonase pompa și deșertăciunile acestei lumi. Faraonul încuraja un stil de viață simplu și controlul poftelor, dar nu predica mortificarea trupului. Plăcerile vieții, frumusețea ornamentelor, farmecul muzicii, plăcerea unei bune companii, savoarea unei cupe de vin, erau acceptabile pentru el, cu moderație, cum erau și pentru Predicatorul din Ecleziastul[64].

V.4 Familia regală vizitează templul

După numirea lui Merira în înalta funcție, faraonul a făcut o vizită formală la templu, la apusul soarelui, alături de familia regală. Această vizită este reprezentată în mormântul Marelui Preot. Pentru întâia oară în istoria Egiptului este permisă reprezentarea faraonului în caleașca sa, pe străzile capitalei. Faraonii de dinaintea lui Akhenaton permiteau artiștilor să-i reprezinte doar în ipostaze celeste. Akhenaton a renunțat, însă, la această convenție din iubirea sa pentru adevăr și realism și a încurajat să fie privit și considerat un om muritor. În această reprezentare, îl putem observa în caleașca sa cu ornamente splendide, cu frâiele și biciul în mână, conducând singur doi cai focoși care poartă pe capete pene de struț colorate ce se mișcă în ritmul mersului mândru al superbelor animale. Regina îl urmează la scurtă distanță, conducând singură propria caleașcă. După ea, urmează prințesele și grupul caleștilor oficialilor curții regale și ale doamnelor de onoare, conduse de vizitii. Harnașamentele sclipitoare, penele roșii și albastre care decorează caii, robele multicolore, stindardele nobililor, panglicile fluturânde, creează un eveniment care îi face pe locuitorii orașului să iasă repede în fața caselor pentru a fi martori la această sărbătoare. Un corp de gardă format din soldați înarmați cu lănci, scuturi, halebarde, arcuri și măciuci aleargă în fața grupului regal pentru a ține drumul liber. Pe drum se găsesc, pe lângă egipteni, asiatici cu bărbi lungi din provinciile siriene ale faraonului, negri împodobiți cu pene din triburile Mazoi, din Nubia și libieni cu părul lung și împletit. Faraonul și însoțitorii săi se apropie de templu, iar Merira îi întâmpină înaintea porților. Patru bărbați îngenunchează în apropierea sa, ținând în sus evantaiele din pene colorate de stuț ce urmează a fi fluturate deasupra capului faraonului după coborârea din caleașcă. Și alte persoane îngenunchează și ridică mâinile în semn de slavă. Tauri mari, bine hrăniți, asemenea exemplarelor din expozițiile de bovine din prezent, sunt mânați înainte. Sunt împodobiți cu ghirlande de flori în jurul gâturilor masive și buchete de flori așezate între coarne. Două grupuri de muzicante, în robe curgătoare, își flutură mâinile și bat în tamburine.

Templul, care va fi descris ulterior, este împodobit cu ghirlande de flori în această zi deosebită și fiecare altar este încărcat cu ofrande. Faraonul a intrat în clădire și o altă scenă înfățișează familia regală închinându-se în fața marelui altar încărcat cu prinosuri: diferite feluri de carne, gâște, legume, fructe și flori. Deasupra altarului atârnă vase din bronz în care arde ulei. Akhenaton și Nefertiti stau în fața altarului, fiecare cu brațul drept ridicat pentru a presăra în flăcări substanțe frumos mirositoare. Faraonul poartă în jurul taliei doar o bucată de pânză fină ornată cu panglici roșii care flutură în vânt. Roba reginei este transparentă, iar sub aceasta, nuditatea i se desenează deslușit. Poartă o eșarfă roșie în jurul taliei, capetele căreia ajung aproape până la pământ. Niciunul dintre ei nu poartă bijuterii și simplitatea veșmintelor lor este marcantă. În spatele lor sunt două prințese micuțe care cântă în cinstea zeilor la un sistru. Merira, împreună cu unul dintre asistenții săi, face o plecăciune înaintea faraonului, iar în apropiere un alt preot arde niște tămâie. Un grup format din opt muzicanți orbi se află tot în apropiere. Aceștia sunt oameni corpolenți, înaintați în ani, care bat din palme și cântă în acompaniamentul unei harpe cu șapte coarde un imn de slavă luminii soarelui pe care nu o pot vedea, dar pe care o simt drept „căldura ce este în Aton".

O altă serie de reliefuri ne prezintă răsplătirea lui Merira. Akhenaton îl premiază pentru succesul înregistrat în colectarea dărilor anuale pentru templu de la moșiile de pe celălalt mal al Nilului. Ceremonia a avut loc lângă apă, în clădirea în care erau depozitate cerealele. Se pot observa mai multe bărci trase la chei. Pe mal sunt mai multe țarcuri pline cu vaci care mugesc. În depozite se găsesc multe bunătăți și Merira stă triumfător în fața lor, în timp ce faraonul îi vorbește. Akhenaton spune, "Conducătorul trezoreriei să-l ia pe Merira și să-i pună aur la gât și la picioare drept răsplată pentru ascultarea învățăturilor faraonului". Imediat însoțitorii încep să atârne lanțuri din aur și coliere, unele peste celelalte, la gâtul Marelui Preot. Scribii consemnează un rezumat al evenimentelor, însoțitorii și cei cu evantaie fac o plecăciune până la pământ, iar Merira este petrecut la conacul său în dans și ritm de muzică, în timp ce Akhenaton se întoarce la palat și se întinde pe pernele sale, epuizat, fără niciun dubiu.

V.5 Akhenaton în palatul său

Reliefurile și picturile din morminte îl înfățișează adesea pe faraon ușor aplecat și lipsit de vlagă, de parcă răspunderea chemării sale l-ar fi lăsat aproape fără putere. Niciodată, înaintea sa, nu mai fusese prezentată această latură profund umană a faraonului. Aceste scene pătrund în intimitatea palatului și îl putem observa pe faraon, care își învăța discipolii despre frumusețea vieții de familie, în mijlocul familiei sale. Cu această ocazie trebuie să fie descrise câteva dintre aceste reprezentări. Într-una dintre acestea, familia regală este reprezentată în interiorul unui foișor. Acoperișul structurii se sprijină pe coloane multicolore din lemn. Pe capitelurile coloanelor sunt sculptate rațe sălbatice atârnate de picioare, care au deasupra buchete de flori. Coloanele sunt încărcate cu ghirlande de flori, iar din tavan atârnă festoane realizate din flori și coarde de viță de vie. Marginea exterioară a acoperișului este decorată cu un șir nesfârșit de cobre strălucitoare, realizate probabil din bronz.

Înăuntrul foișorului se găsește un grup de fete goale, care cântă la harpă, liră și lăută. Probabil intonează vocal cântece de dragoste ale perioadei respective. Unii servitori scot vin din niște vase mari situate într-o parte a foișorului, în apropierea peretelui. Faraonul stă într-un jilț, cu un aer obosit și trist. În mâna stângă ține câteva flori, în timp ce întinde un pahar, cu mâna dreaptă, pentru a-i fi umplut cu vin. Regina face acest lucru. Ea stă lângă el și este foarte atentă să nu-i lipsească nimic. Toarnă vinul dintr-un vas, printr-o sită, în paharul faraonului. Trei prințese micuțe se găsesc în apropiere. Una dinte acestea este încărcată cu buchete de flori, o alta ține un platou cu dulciuri și cea de-a treia conversează cu tatăl său.

Într-o altă scenă, faraonul și regina sunt reprezentați așezați pe scaune confortabile, în timp ce sunt serviți de un servitor. Faraonul servește un porumbel fript, pe care îl ține cu degetele. Nefertiti bea dintr-o cupă cu formă frumoasă. Robele ușoare și transparente pe care le poartă, indică faptul că este vorba despre masa de prânz. Din nefericire pictura este deteriorată și nu mai păstrează nimic în afara acestor două fețe regale.

V.6 Evenimente istorice din această perioadă a domniei lui Akhenaton

În legătură cu acestă perioadă a domniei faraonului se cunosc foarte puține elemente cu caracter istoric. La vârsta de 23 de ani, în cel de-al zecelea sau cel de-al unsprezecelea an de domnie, s-a născut cea de-a patra fiică a sa, Neferneferuaton. Cu toate că regina nu-i oferise încă niciun fiu, Akhenaton nu pare să se fi grăbit să recurgă la nevestele sale secundare. Pe baza datelor pe care le avem, putem conchide că Akhenaton a fost monogam pe toată durata vieții sale, lucru contrar tradiției egiptene. Eforturile depuse aproape zilnic în timpul acestei perioade par să fi produs o înrăutățire a stării sale de sănătate. Activitatea mentală intensă nu-i permitea odihnă. Chiar și în momentele petrecute în grădină, în mijlocul florilor, sufletul său încerca, plin de neliniște, să străpungă bariera dintre el și Dumnezeu, Cel ce făcea florile să înflorească. Dezvoltarea doctrinei din această perioadă pare să fi fost hrănită tocmai cu energia lui vitală. Pare o minune că a rezistat acestui efort susținut, dacă ne gândim că în același timp a administrat și regatul, căruia i-a dat o înfățișare complet diferită față de trecut. Momentele de relaxare pe care artiștii din Orașul Orizontului încercau să le reprezinte, trebuie să fi fost cu-adevărat rare.

În cel de-al doisprezecelea an de domnie, tributul plătit de vasali a atins o valoare atât de mare, încât momentul primirii sale a fost reprezentat pe pereții mormintelor lui Huya și Meryra al II-lea (în mormântul lui Huya, scena poartă data celui de-al doisprezecelea an și sunt reprezentate patru prințese, un număr care este confirmat și de alte surse. Scena din mormântul lui Meryra al II-lea poartă aceeași dată, dar prezintă șase fiice. Sunt date care indică faptul că cea de-a șasea fiică a lui Akhenaton s-a născut în cel de-al cincisprezecelea an de domnie. Prima sa fiică se născuse în cel de-al cincilea an, cea de-a doua, în cel de-al șaptelea an, cea de-a treia, în cel de-al nouălea an, cea de-a patra, în cel de-al unsprezecelea an, cea de-a cincea, în cel de-al treisprezecelea an.). În mormântul lui Huya, alături de reprezentare se găsește următoarea inscripție:

„Anul al doisprezecelea, cea de-a doua lună de iarnă, a opta zi. ... Faraonul ... și regina ... cei cu viață eternă au venit în lectica lor din aur pentru a primi tributul din Siria și din Etiopia, de la vest și de la est. Tributul a fost colectat în același timp din toate țările și din toate insulele din mijlocul mării. Toate au adus daruri Faraonului, care se găsea în marele tron din Orașul Orizontului lui Aton pentru a primi tributul din fiecare ținut și pentru a le acorda (la rândul lui) suflarea vieții."

Faraonul și regina sunt reprezentați în lectică, așezați unul lângă celălalt și chiar dacă Akhenaton poartă însemnele regale și are o atitudine demnă, brațul reginei îl cuprinde cu tandrețe în jurul taliei, în văzul tuturor. Lectica, construită probabil din lemn acoperit cu foiță de aur, este o structură impunătoare: un tron mare, dublu, purtat pe umeri de funcționarii curții regale. Brațele tronului reprezintă sfincși sculptați, care se ridică pe cobre scânteietoare, iar pe fiecare parte a tronului se găsește câte un leu sculptat în trei dimensiuni. Un preot pășește în fața lecticii cu o cădelniță din care se înalță un nor de fum de tămâie, iar actori de pantomimă dansează și execută salturi înaintea procesiunii. Prințesele, care sunt însoțite de doicile și de doamnele lor de onoare, merg în spatele cuplului regal. De-a lungul străzii sunt înșiruiți curteni, funcționari, soldați și servitori.

Procesiunea ajunge curând în locul desemnat pentru oficierea ceremoniei. Faraonul și regina se mută într-un foișor construit pentru ocazia respectivă, unde ocupă împreună un tron dublu și își sprijină picioarele pe perne. Regina stă în stânga lui Akhenaton și în reprezentare corpul ei este ascuns de corpul faraonului. Având în vedere că brațul ei drept se vede în jurul taliei lui, în timp ce ține cu mână stângă, mâna lui stângă, este de presupus că se sprijină de el, capul său regal atingând umărul lui. Nefertiti era mama mai multor copii, dar nu avea mai mult de 20 de ani (născuse primul său copil în jurul vârstei de 13 ani), iar acesta este o scenă fermecătoare de afecțiune conjugală. Prințesele cele mici stau în jurul tronului, una dintre acestea ține în brațe un pui de gazelă, în timp ce o alta îl mângâie pe cap.

Prin fața pavilionului se perindă delegațiile vasalilor. Pentru ca faraonul să nu fie obosit de omagiile acestora, se ocupă de amuzamentul său un grup de luptători profesioniști, pugiliști și scrimeri, în timp ce lângă ei, bufoni și mimi dansează și fac tumbe în acompaniament de castaniete și bătăi din palme. Tributul din Siria este adus de asiatici cu robe lungi, care se aruncă în genunchi în fața tronului și ridică mâinile în semn de salut. Prin fața lor sunt conduși cai splendizi din Siria, care trag calești. Urmează grupuri de sclavi, încătușați, dar care nu sunt maltratați, cum se obișnuia pe vremea altor faraoni. Arcuri, sulițe, scuturi, pumnale, colți de elefant și alte obiecte, sunt purtate prin fața lor și sunt puse pe pământ, în apropierea foișorului. Vase frumoase din metal prețios și pietre scumpe sunt ridicate către faraon pentru a fi admirate. Prin fața lor sunt conduse și animale sălbatice. Din rândul acestora, o pumă dresată trebuie să fi făcut senzație. Urmează mai multe fete goale, alese probabil pentru frumusețea lor, care aveau să se alăture, probabil, celorlalte servitoare de la palatul regal.

Din „insulele din mijlocul mării" sosesc vase frumoase, unele dintre care sunt înfrumusețate cu sculpturi în trei dimensiuni. Din Libia sunt aduse ouă și pene de struț. Tributul din Nubia și Sudan este adus de negri împodobiți cu pene. Este vorba de lingouri, inele și pungi cu praf de aur din minele din deșertul Arab. Scuturi, arme, colți de elefant și piei de vită, antilopă și alte animale sunt purtate prin fața tronului. Așa cum asiaticii au speriat audiența, aducând un leu, negrii au produs agitație, aducând o panteră de talie mare. Sclavi și sclave care își duc copiii în coșuri sunt conduși prin fața foișorului în încheiere. Nici acești slavi nu sunt maltratați. Este evident că grupurile de captivi jalnici, care pot fi văzute în scene asemănătoare din alte perioade, cu brațele legate în poziții chinuitoare și care de-abia mai merg, lipsesc cu desăvârșire din reprezentările ceremoniilor lui Akhenaton (Cu toate acestea, într-unul din mormintele de la El Amarna, pot fi observate scenele obișnuite cu prizonierii popoarelor cucerite. Acestea sunt pictate pe treptele tronului, dar nu reprezintă o realitate a perioadei respective.). Tânărul faraon, care știa ce înseamnă suferința fizică, nu putea accepta suferința oamenilor. Torturarea prizonierilor sau decapitarea vreunui rebel (lucruri comune sub Amenofis al II-lea și, probabil și sub Amenofis al III-lea) erau la fel de revoltătoare pentru Akhenaton, cum sunt și pentru noi.

V.7 Regina Tiy vizitează Orașul Orizontului

Akhenaton s-a mutat din Teba în jurul celui de-al optulea an al domniei sale. Regina Tiy a refuzat, probabil, să îl însoțească și a continuat să locuiască în palatul său din Teba. Probabil că nu și-a încurajat fiul să construiască noua capitală și a privit cu amărăciune mutarea curții regale din Teba, deși a recunoscut, fără niciun dubiu, necesitatea acestei măsuri. Îi lipseau, cu siguranță, pompa și ceremoniile curții regale pe care le condusese la un moment dat. Până în cel de-al patrulea an al domniei fiului său, adică până când acesta a împlinit vârsta de 16 ani, ea fusese figura dominantă și toată lumea cunoscută se închinase în fața ei. Se bucurase de bogățiile regatelor pe care le stăpânea. Dar, după mutarea faraonului și a nobililor în Orașul Orizontului (care luaseră cu ei și posibilitatea taxării populației) probabil că bătrâna regina se văzuse obligată să conducă o viaţă liniştită şi retrasă, într-un palat care se deteriora rapid. Se pare că Baketaton, fiica sa, locuia împreună cu ea. Şi alte fete ale sale ar fi putut locui cu ea, dar, având în vedere că nu avem niciun indiciu despre acest lucru, este posibil ca acestea să fi murit deja. Probabil că îşi vizita fiul ocazional şi ar fi fost oricând primită în Oraşul Orizontului dacă ar fi hotărât să se mute acolo. Majordomul ei, un bărbat mai în vârstă numit Huya, pare să fi locuit sezonier în noua capitală, în necropola căreia i-a fost construit un mormânt. Din reliefurile de pe pereţii acestui mormânt aflăm despre una din vizitele oficiale făcute de bătrâna regină lui Akhenaton. Nu este cunoscut exact anul în care a avut loc vizita respectivă, dar, având în vedere că în mormânt este menţionat cel de-al doisprezecelea an al domniei lui Akhenaton, probabil că vizita respectivă a avut loc cândva în jurul acelui an.

Regina avea aproximativ 50, 60 de ani (După cum a fost menţionat la pag. 72, ea avea aproximativ 10 ani când a fost măritată cu Amenofis al III-lea şi avea în jur de 46 de ani atunci când acesta a murit. Nu putea fi mai în vârstă, întrucât fiica ei, Baketaton, se născuse cu aproximativ un an înaintea morţii lui Amenofis al III-lea şi este puţin probabil să fi născut după vârsta de 45 de ani.), iar Baketaton, fiica ei, care se născuse cu puţin timp înainte de moartea tatălui ei, nu avea mai mult de 12 ani.

Akhenaton şi-a primit mama şi sora cu bucurie şi festivităţi, iar Huya, majordomul, a organizat o sărbătoare în onoarea lor. Unele dintre aceste petreceri ne sunt prezentate în reliefuri, în care nici măcar limitele reprezentării artistice nu au reuşit să ascundă opulenţa momentelor respective. Îi putem observa pe Akhenaton, pe soţia sa, Nefertiti, pe mama sa, Tiy şi pe cele două fiice ale sale, Merytaton şi Ankhsenpaaton, aşezaţi confortabil pe scaune cu perne, odihnindu-şi picioarele pe taburete speciale, frumos lucrate. Akhenaton poartă un fel de fustă din bumbac şi pare gol de la brâu în sus. Pe fruntea sa străluceşte un şarpe mic din aur. În picioare poartă nişte sandale cu lucrătură fină. În spiritul simplităţii cu care ne-a obişnuit, nu poartă bijuterii. Regina Nefertiti poartă o robă curgătoare din bumbac fin, iar pe frunte poartă şarpele regal. Regina Tiy poartă pe cap o decoraţiune care era în vogă în timpul vechiului *regim*, peste care se găseşte o coroană ornamentală compusă dintr-un disc, două coarne, două pene lungi şi doi şerpi mici, probabil din aur. Poartă o robă dintr-un material aproape transparent. Cele două fetiţe par să fie goale.

În jurul acestei familii fericite sunt mese pe care se găsesc în cantităţi mari felurite alimente. Multe feluri de carne, diferite dulciuri, legume, fructe (printre care se găsesc şi rodii, ceea ce indică faptul că vizita a avut loc în timpul verii, lucru semnalat şi de hainele subţiri pe care le poartă persoanele prezente acolo), pâine, felurite prăjituri şi aşa mai departe. Pe mese se găsesc flori de lotus, în ton cu un obicei din toate perioadele Egiptului antic. Lângă mese se găsesc vase cu vin şi cu alte băuturi, decorate cu panglici. În momentul care a fost reprezentat de artist, Akhenaton duce la gură o pulpă cu carne, pe care o ţine cu mâna. Obiceiul de a mânca cu mâna se păstrează în Egipt şi în prezent. Nefertiti ţine în mână o bucăţică de raţă friptă, din care mănâncă cu eleganţă. Nu se poate observa ce serveşte Tiy, dar ea oferă din alimentul respectiv şi fiicei sale Baketaton. Micuţele prinţese mănâncă lângă Nefertiti şi par să împartă acelaşi fel de mâncare. Între timp, Huya se mişcă înainte şi înapoi, în supravegherea banchetului şi gustă cu multă grijă din fiecare fel de mâncare înainte ca acesta să fie servit feţelor regale. Două grupuri muzicale, unul Egiptean şi celălalt aparent Sirian, cântă alternativ. Primul este format din patru artiste, dintre care prima cântă la harpă, a doua şi a treia, la lăută şi a patra, la liră. Instrumentul principal al grupului străin este unul la care se cântă cu ambele mâini. Este vorba despre o liră fixă cu opt coarde, înaltă de aproximativ doi metri. Curtenii poartă haine fine, ţin stindarde din pene de struţ şi stau în jurul încăperii în care are loc banchetul.

Un alt set de reliefuri din mormântul lui Huya prezintă un eveniment în onoarea reginei Tiy, ţinut seara. Sunt reprezentaţi aceeaşi membri ai familiei regale. În răcoarea serii, toţi participanţii poartă mai multe haine. Partea superioară a corpului faraonului este acoperită de o mantie subţire din bumbac. Faraonul, regina şi regina moştenitoare sunt reprezentaţi în timp ce beau din cupe fine, făcute, probabil, din aur. Având în vedere că este vorba despre masa de seară, se mănâncă uşor şi pot fi observate trei mese, decorate cu flori, încărcate cu fructe. De pe aceste mese, micile prinţese, care poartă haine uşoare, se servesc după pofta inimii. Micuţa Ankhsenpaaton stă pe taburetul de lângă scaunul mamei sale, se ţine de fusta acesteia cu una din mâini, în timp ce cu cealaltă mână duce la gură o prună sau un fruct asemănător. Două grupuri muzicale cântă, la fel ca mai devreme. Mai mulţi curteni stau în jurul încăperii. Huya este foarte activ şi dă instrucţiuni servitorilor care poartă şervete aruncate peste mână şi umplu cupele cu vinul adus din vasele de lângă mese. Încăperea este luminată de mai multe felinare care stau pe suporturi înalte în apropierea vaselor cu vin.

V.8 Regina Tiy îşi vizitează templul

În acelaşi mormânt mai este reprezentată o altă scenă din cadrul acelei vizite oficiale. În aceasta îl putem observa pe Akhenaton ţinându-şi cu afecţiune mama de mână şi conducându-o către templul pe care îl ridicase în cinstea ei. Templul era locul ei intim de închinăciune şi era numit „Umbra Soarelui". Era o clădire impunătoare, foarte frumoasă. Trecând printre două uşi batante mari, fixate de stâlpi, se ajungea în curtea principală, care se întindea în bătaia soarelui. Curtea era străjuită de galerii cu coloane, iar între coloane se găseau statui ale lui Akhenaton, Amenofis al III-lea şi ale reginei Tiy. În mijlocul curţii se înălţa altarul, la care se ajungea urcând un şir de trepte. În capătul curţii, alte două uşi batante montate pe stâlpi conduceau în încăperile din interior. Traversând uşile se ajungea într-un hol mic, din nou străjuit de statui ale faraonului şi ale mamei sale. Dincolo de hol se găsea sanctuarul, delimitat de alte uşi batante. Înăuntru se găsea un al doilea altar străjuit de statui ale faraonului şi ale reginei moştenitoare. În dreapta şi în stânga sanctuarului se găseau capele mici, iar în spatele sanctuarului se găsea un coridor cu alte obiecte sfinte şi statui regale.

Edificiul era pictat în culori splendide, iar în scena din reprezentarea vizată, altarele erau încărcate cu ofrande. Vase mari cu vin, împodobite cu ghirlande de flori şi panglici, erau situate la umbră în spatele coloanelor, iar pe un fel de etajere amplasate la îndemână și decorate cu flori, se găseau cantități însemnate de carne, pâine, fructe și legume.

Akhenaton și Tiy erau însoțiți de tânăra prințesă Baketaton, sora lui Akhenaton și de cele două doamne de onoare ale acesteia. Înaintea lor se găsea Huya, majordomul reginei, însoțit de un oficial străin, care părea să poarte un costum cretan (Davies, Amarna, III, 8, nota 1). În spatele lor se găseau mai mulți curteni cu evantaie din pene de struț și drapele, iar în exteriorul templului se găseau agenți de ordine, servitori, conducătorii caleștilor, persoane cu evantaie, portari și alți slujitori ai templului. Aceste persoane aclamau sosirea grupului regal. "Conducătorul Aton-ului!", "El va exista pentru totdeauna!", "Cea a cărei frumusețe sporește!", "Cel pe care se înalță Aton-ul!". Regina se simțea ca în timpul zilelor sale de glorie. Totuși, cât de simple erau aceste ceremonii religioase în comparație cu acelea ale preoților lui Amon-Ra. Doar o rugăciune sau două la altar, puțină tămâie, o închinăciune, după care procesiunea se întorcea la palat și porțile templului erau închise în tăcere.

V.9 Moartea reginei Tiy

În urma primirii deosebite și a ridicării templului în onoarea sa, este posibil ca regina Tiy să fi hotărât să se stabilească în Orașul Orizontului. Din păcate pentru ea, s-ar părea că nu a mai trăit prea mult pentru a se bucura de așa o pompă regală, cum cunoscuse în tinerețe. Moarte sa pare să fi survenit la scurt timp după festivitățile prezentate și, probabil din dorința ei, corpul său a fost îmbălsămat în Teba și condus pe ultimul drum în cimitirul regal situat între dealurile din apropierea orașului. În semn de afecțiune pentru ea, Akhenaton a dispus aranjarea mormântului ei. În inscripțiile din exteriorul sarcofagului ei este menționat că „el l-a făcut pentru mama sa". În mod evident, regina moștenitoare își exprimase dorința de a fi îngropată aproape de tatăl și de mama sa, Yuya și Thuya, pentru că mormântul ei, situat în partea de est a văii, se găsește la o aruncătură de băț de mormântul în care odihnesc aceștia. Mai multe trepte abrupte conduc la un coridor care se deschide într-o cameră funerară de mari dimensiuni, cu pereții văruiți. Cea mai mare parte a acestei încăperi este ocupată de un fel de capelă. Ușa capelei este făcută din lemn scump de cedru din Liban, acoperit cu aur. Pe ea se găsește un zăvor ornamental, iar multe dintre cuiele folosite la realizarea ei sunt din aur, lucru care ilustrează bogăția curții regale în momentul respectiv. Scene reprezentate în relief o înfățișează pe regină sub razele lui Aton. Și sarcofagul este făcut din lemn de cedru, acoperit cu aur și pe toate părțile sale se pot observa scene din cultul lui Aton. Akhenaton este reprezentat alături de Tiy, iar corpurile celor doi sunt înconjurate de razele dătătoare de viață ale soarelui. Sarcofagul cu mumia marii regine a fost depus în capelă. De-a lungul laturilor încăperii au fost așezate piesele obișnuite de mobilier funerar și anume cutii viu-colorate, vaze de alabastru, vase de toaletă de faianță, statuete și alte obiecte asemănătoare. Unele din ustensilele de toaletă erau executate în forma zeului grotesc *Bes*[65], ceea ce indică faptul că Akhenaton încă admitea ca alte persoane să recunoască pe unii dintre vechii zei. În inscripțiile de pe pereții capelei a avut grijă să-și numească tatăl (Amenofis al III-lea) cu cel de-al doilea nume, Nebmaara, pentru a evita folosirea numelui Amon, din aversiune față de tot ceea ce avea legătură cu zeul respectiv. Permitea totuși scrierea numelui respectiv, din când în când, acolo unde i se părea cuvenit să apară. Aversiunea lui Akhenaton față de vechiul zeu de stat se manifesta și în alt chip. Consoarta lui Amon era zeița Mut, "Mama", al cărei nume era reprezentat de un vultur în scrierea cu hieroglife. Când inscripțiile o menționau pe mama faraonului, Tiy, trebuia scris cuvântul *mut*, "mamă". Pentru a fi evitată orice asemănare cu numele zeiței respective, Akhenaton a dispus scrierea pe litere a cuvântului și a evitat folosirea vulturului (acest lucru se observă în mai multe inscripții din perioada respectivă). La fel și în ceea ce privește numele Nebmaara, "Ra, Stăpânul Adevărului", semnul *maa*, „adevăr", reprezenta zeița cu același nume. Adevărul era foarte important în religia lui Akhenaton, fiind considerat o necesitate în vederea fericirii și prosperității. Neputând accepta o zeiță a adevărului, avea grijă să scrie semnul *maa* pe litere și nu cu hieroglifa zeiței.

După terminarea ceremoniilor funerare, după rostirea ultimei rugăciuni și după risipirea ultimului nor de fum de tămâie, ușa aurită a raclei a fost închisă și zăvorâtă, ușile de la exterior au fost zidite și a fost provocată o cădere de pietre pentru a șterge orice urmă a intrării. Acesta a fost ultimul omagiu adus de Akhenaton mamei sale și, probabil, inițiatoarei sistemului pe care el îl pusese în aplicare. Nu mai exista nicio legătură cu trecutul. Akhenaton putea începe nestingherit un capitol extraordinar al scurte sale existențe.

VI. Cel de-al treisprezecelea, cel de-al paisprezecelea şi cel de-al cincisprezecelea an de domnie

„Mutarea faraonului şi a întregii curţi regale în palatul cel nou din noul oraş, ... propaganda artistică şi religioasă condusă de acolo, ... constituie unul dintre cele mai curioase şi mai interesante momente din istoria lumii." Budge, "Istoria Egiptului".

VI.1 Dezvoltarea religiei lui Aton

În imnul faraonului închinat lui Aton se regăsesc următoarele cuvinte:
„Ai creat pământul după bunul plac, ...
Siria, Nubia[87],
Pământul Egiptului..."
Merită să fie observat faptul că Siria şi Nubia sunt menţionate înaintea Egiptului, par să aibă întâietate în mintea lui Akhenaton. În acelaşi imn întâlnim următoarele versuri:
„Nilul, cel din ceruri este pentru străini ...
Dar Nilul (însuşi) care vine din adâncuri, este al Egiptului."
Akhenaton se referă la ploaia care cade în Siria şi udă pământurile străinilor şi o compară cu fluviul care udă propria ţară. Siria este încă o dată prima în mintea sa, înaintea Egiptului. Acesta este adevăratul spirit imperial. Pentru faraon, posesiunile străine se bucură de aceeaşi atenţie în raport cu propria ţară şi merită la fel de multă iubire. Sentimente diametral opuse celor ale faraonilor anteriori, din dinastia sa, care asupreau pământurile străinilor „mizerabili" şi le luau toate bogăţiile, fără a-i interesa altceva.

Akhenaton credea că Dumnezeul lui este Tatăl întregii omeniri şi că sirienii şi nubienii erau protejaţi de El, la fel ca egiptenii. Religia lui Aton trebuia să fie o religie mondială. Acest lucru constituie un avans de ordin etic uşor de sesizat. Aton devine prima divinitate imaginată de mintea unui muritor care nu are caracter tribal şi nici naţional. Aşa Îl înţeleg creştinii pe Dumnezeu. Nu şi evreii pe Iehova. Acesta este spiritul care trimite misionari până la capătul pământului. Această concepţie l-a făcut pe Akhenaton să construiască un templu al lui Aton în Palestina, probabil chiar în Ierusalim şi un altul, departe, în Sudan. Nu este cunoscută locaţia templului din Siria, dar construcţiile descoperite recent în Nubia par să fi avut dimensiuni însemnate.

În acelaşi timp erau ridicate temple şi în diverse zone ale Egiptului. În Hermonthis[66] a fost construit un templu numit „Orizontul lui Aton din Hermonthis". În Heliopolis se găsea un templu numit „Preamărirea lui Ra în Heliopolis" şi un palat al faraonului. Au fost construite temple în Hermopolis şi în Memphis, iar în Faiyum[67] şi în deltă apăruseră „Case" ale lui Aton. Cu toate acestea, puţine persoane s-au convertit cu adevărat. Noua religie era mult peste înţelesul oamenilor. Din respect pentru dorinţele faraonului, Aton era acceptat, dar noua formă de venerare nu era iubită şi nu era înţeleasă nici măcar în Oraşul Orizontului.

În perioada respectivă Akhenaton a făcut o schimbare în denumirea lui Aton. Cuvintele „Căldura-din-Aton " nu i se mai păreau bine alese. Fuseseră folosite în primii ani ai mişcării şi probabil nu fuseseră alese de Akhenaton. Reprezentarea cuvântul „căldură" aducea aminte de numele unuia dintre vechii zei, iar pentru o persoană neiniţiată acest lucru putea sugera o legătură. De aceea, numele lui Aton a fost schimbat în „Strălucirea ce vine de la Aton", iar noile cuvinte introduceau în reprezentare hieroglifa lui Ra, soarele. Nu se cunoaşte semnificaţia exactă a schimbării, dar se poate presupune că noile cuvinte redau mai bine semnificaţia dorită de Akhenaton. Nici acum nu este uşor de exprimat acea energia vitală, acea cauza primordială a vieţii pe care faraonul o înţelegea cu atâta claritate.

Nu se cunoaşte exact data acestei schimbări, dar aceasta poate fi situată cu certitudine undeva între cel de-al nouălea şi cel de-al doisprezecelea an de domnie. Din acest interval, cel mai probabil este să se fi produs în cel de-al nouălea an (profesorul Sethe a demonstrat acest lucru în cadrul unui articol publicat în anul 1921), atunci când Akhenaton avea aproximativ 25 de ani. Inscripţiile de pe pereţii capelei în care se găsea sarcofagului reginei Tiy redau noua denumire pentru că schimbarea se produsese deja când aceasta a fost construită.

VI.2 Akhenaton șterge orice urmă a numelui Amon

S-a putut observa, până în perioada respectivă, că Akhenaton fusese extrem de îngăduitor cu persoanele care venerau vechii zei și nu persecutase nici măcar preoțimea lui Amon-Ra. Este clar că această atitudine se datorase mamei faraonului, întrucât, la puțin timp după moartea acesteia Akhenaton s-a îndreptat împotriva preoțimii respective cu multă înverșunare. Probabil că preoții respectivi din Teba se răzvrătiseră. Oricum, faraonul a luat măsuri drastice. A emis un ordin care prevedea că numele lui Amon trebuia șters de oriunde ar fi fost întâlnit, care a fost pus cu multă sârguință în aplicare. Din miile de inscripții în care apare numele lui Amon pe care le cunoaștem în prezent, numele vechiului zeu a rămas neatins doar în extrem de puține cazuri. Agenții faraonului au îndepărtat numele respectiv de pe pereții templelor de pe teritoriul Egiptul, au intrat în morminte și l-au șters din inscripțiile prezente acolo, l-au șters din micile inscripții de pe statuete și alte obiecte, s-au dus departe în deșert și l-au șters de peste tot unde fusese înscris de drumeți, s-au urcat pe stâncile de lângă Nil și l-au șters din reprezentările de acolo, au intrat până și în casele oamenilor și l-au șters din toate locurile în care l-au întâlnit.

Akhenaton a fost mereu ferm în demersurile sale, iar jumătățile de măsură i-au fost necunoscute. Când a venit vorba de numele tatălui său, nu a ezitat să șteargă din acesta cuvântul Amon, deși se poate presupune că în majoritatea cazurilor a pictat peste el cel de-al doilea nume al faraonului, Nebmaara. Agenții lui pătruns în mormântul reginei Tiy, au șters numele Amenofis din inscripțiile de pe sarcofag și au scris Nebmaara cu cerneală roșie în locurile respective. După ce au șters numele chiar și de pe un vas de toaletă de mici dimensiuni, au părăsit mormântul, au reconstruit zidul din dreptul intrării și și-au continuat operațiunile în alte locuri. Faraonul era întrebat dacă trebuia șters și numele său, Amenofis, pe care îl folosise înaintea adoptării mai bine-cunoscutului Akhenaton, iar răspunsul pare să fi fost unul afirmativ. Numele a fost șters de pe placa inscripționată de la cariera de piatră de la Gebel Silsileh (v. pag. 48), dar a rămas intact în mormântul lui Ramose. Numele diverșilor nobili și funcționari, de sex masculin și feminin, compuse cu Amon (Amenhotep, Setamen, Amenemhet. Amenemapt, etc.), au fost șterse, iar persoanele în viață care purtau astfel de nume au fost obligate să și le schimbe.

Chiar dacă a modificat numele tatălui său, Akhenaton nu a avut câtuși de puțin intenția de a-și nesocoti strămoșii. Urmărea doar înlăturarea lui Amon din memoria oamenilor pentru a promova pe Dumnezeu cel adevărat. Era mândru de obârșia sa și spre deosebire de majoritatea strămoșilor săi, se arăta dornic de a onora memoria tatălui său. Am văzut (pag. 70) felul în care Bek, unul dintre artiștii săi, l-a reprezentat pe Amenofis al III-lea, la Aswan. Huya, majordomul reginei Tiy, a fost autorizat de Akhenaton să-l reprezinte pe Amenofis al III-lea în mormântul său (Davies, "El Amarna", III, Pl. XVIII), iar în templul privat al reginei Tiy, după cum am observat, se găseau statui ale lui Amenofis al III-lea (v. pag. 109). Tot astfel, faraonilor din dinastia sa le fusese acordată o apreciere neobișnuită. Un funcționar pe nume Any, deținea funcția de „Majordom al Casei lui Amenofis al II-lea" (Davies, "El Amarna") și există o reprezentare a lui Akhenaton aducând o ofrandă lui Aton în „Casa lui Tutmes al IV-lea în Orașul Orizontului" (Wilkinson, "Egiptul Modern", II, 69). Pe placa sa inscripționată care se găsește pe piatra de hotar, Akhenaton afirmă că Amenofis al III-lea și Tutmes al IV-lea ar fi avut, la rândul lor, probleme cu preoții lui Amon.

S-ar părea că Akhenaton construise sanctuare strămoșilor săi în Orașul Orizontului, fiecare cu intendenți dedicați și aflate în grija unor reprezentanți de-ai săi. Probabil că Akhenaton dispusese construirea unui sanctuar asemănător pentru el însuși, după moartea sa, întrucât aflăm că numise un „Preot Secund" (Davies, "El Amarna") și un „Mare Preot" (Ashmolean Museum, Oxford). Dorea să își arate în acest fel descendența din faraonii zilelor de demult și să demonstreze că titlul de „Fiu al Soarelui" era al său de drept. Toți faraonii începând din cea de-a V-a Dinastie deținuseră acest titlu, iar acesta avea o importanță vitală în cadrul noii religii. Pretindea astfel descendenţa din Ra, care era egal cu Aton pentru el. Akhenaton prezenta descendenţa sa directă drept garant al dreptului său la titlurile de „Copil al lui Aton" şi „Fiu al Soarelui", în acelaşi fel în care marii conducători religioşi ai evreilor îşi realizaseră cu grijă arborele genealogic pentru a dovedi că sunt descendenţi ai lui Adam şi deci, într-un fel, ai lui Dumnezeu.

VI.3 Marele templu al lui Aton

Oraşul Orizontului lui Aton devenise un oraş al templelor. Printre acestea se numărau locuri de închinăciune consacrate strămoşilor faraonului, templul reginei Tiy, locul de închinăciune folosit de Baketaton, sora faraonului, "Casa odihnei lui Aton" unde oficia Nefertiti şi marele templu al lui Aton, care includea probabil şi altele dintre clădirile menţionate în inscripţii. Urmează o scurtă descriere a marelui templu, în completarea tabloului deschis prin prezentarea templului construit în onoarea reginei Tiy.

Templul era înconjurat de un zid înalt, asemănător celui construit în jurul templului din Edfu, cunoscut cu siguranţă de cei care au vizitat Egiptul. În interiorul zidurilor se găseau două clădiri, situate una în spatele celeilalte. Clădirile erau situate la distanţă considerabilă faţă de ziduri. După traversarea porţii de intrare se putea observa faţada primului dintre temple, în dreapta şi în stânga căruia se găseau nişte construcţii mult mai mici, probabil un fel de sacristii. Faţada templului era impunătoare. Vizitatorii erau întâmpinaţi de doi piloni măreţi care se înălţau din spatele unei galerii cu coloane. Între piloni se găsea poarta de intrare compusă din două părţi batante. Pe fiecare pilon erau dispuşi câte cinci stâlpi înalţi care străpungeau albastru cerului cu câte o flamură purpurie. Trecând poarta de intrare se ajungea într-o curte deschisă în mijlocul căreia era situat marele altar, la care conduceau mai multe trepte. În fiecare parte a acestei curţi bătută de soare se găseau mai multe capele sau încăperi mici, iar drept înainte se găsea o altă poartă de intrare, care conducea în cea de-a doua curte. Din aceasta se intra printr-un coridor în cea de-a treia curte interioară. Printr-un alt coridor se intra în cea de-a patra zonă a templului, o galerie cu coloane unde eventualii vizitatori puteau face un popas la umbră. Printr-o nouă intrare se ajungea în cea de-a cincea curte, după traversarea căreia se pătrundea în cea de-a şasea curte, în care se înălţa în bătaia soarelui un alt altar. În jurul acestei curţi se găseau aproximativ 20 de încăperi şi dacă ne lăsăm imaginaţia să arunce o privire în întunericul lor, putem desluşi mobilierul simplu din interior. O ultimă poartă conducea în cea de-a şaptea şi ultima curte, în care se găsea un alt altar înconjurat, la rându-i, de mai multe încăperi.

În cadrul aceleiaşi structuri, în spatele templului principal, dar la distanţă de acesta, se înălţa un templu ceva mai mic, dar de mai mare importanţă. Acesta avea în partea din faţă o galerie exterioară mărginită de o colonadă. În faţa fiecărei coloane se găsea o statuie a lui Akhenaton, lângă care se găsea o statuie mai mică a consoartei sale sau a uneia dintre fiicele sale. Dincolo de această galerie, construită în aşa fel încât privirile să nu răzbată dincolo de ea, se găsea o curte interioară. Şi în mijlocul acesteia se găsea un altar împrejurul căruia erau dispuse mai multe încăperi. Ultima parte a templului era compusă din câteva încăperi cu destinaţie necunoscută la care se ajungea printr-un pasaj.

Ambele clădiri purtau culori vesele, iar în timpul sărbătorilor multe flori şi felurite ofrande arau aşezate pe mese decorate cu panglici colorate, fapt care sporea efectul cromatic. În acest templu al lui Aton nu se găsea nimic întunecat sau sobru, ceea ce creează un contrast evident cu locurile în care era venerat Amon. În templele respective, încăperi foarte mari primeau lumină prin ferestre foarte mici şi o incertitudine întunecată plutea în jurul celor din interior. Templele în sine contribuiau la sporirea misterului şi printre umbrele lugubre, inimile persoanelor care se rugau băteau terorizate. Scări întunecate purtau la pasaje subterane, iar pasajele respective conduceau în încăperi negre, în care vocea cavernoasă a preotului se prăvălea ca din înaltul cerului, înfiorând auditoriul. În templul lui Akhenaton, însă, toate curţile erau deschise soarelui (erau, probabil, unele asemănări între templele lui Akhenaton şi vechile temple închinate soarelui; de exemplu, templul din Abusir[68]). Misterul nu exista şi nu ar fi putut să existe, iar frica de întuneric nu slăbea genunchii membrilor cultului. Pe Akhenaton nu îl interesau incantațiile și misterele. Îl privea cu încredere pe Dumnezeu, așa cum își privește un copil tatăl și, având în vedere că dezlegase ceea ce considera enigma vieții, în mintea sa nu era loc decât pentru adorarea deschisă, lipsită de frică, a Creatorului acelei energii vitale pe care o vedea peste tot. Akhenaton a fost dușmanul făcătorilor de miracole ai zilelor sale și al iluziilor livrate de preoți. Efectul de scenă al religiozității reprezenta un blestem pentru minte lui pură.

VI.4 Splendoarea orașului

Orașul Orizontului lui Aton devenise un loc extrem de frumos. Opt sau nouă ani de investiții generoase, fie că ne referim la bani sau măiestrie, transformaseră câmpurile și sălbăticia în cel mai frumos oraș de pe fața pământului. May, unul dintre nobilii care locuiau acolo, l-a descris în următoarele cuvinte: "Grandiosul Oraș al Orizontului lui Aton, fermecător, gazda unor ceremonii încântătoare, cu averi întinse și-n mijloc cu cadoul soarelui. Bucuria te copleșește în fața splendorii sale. Este un loc încântător, o licărire a Paradisului pentru privirile tuturor."

Pe lângă temple și clădiri publice, în oraș au mai fost construite numeroase palate înconjurate de grădini splendide. Unul dintre aceste palate, care este reprezentat în mormântul lui Meryra, pare o combinație ideală între confort și simplitate. Se intra într-o curte înconjurată de ziduri și se ajungea la intrarea principală a construcției. Portalul fin lucrat era ferit de soare de o galerie exterioară, al cărei acoperiș era susținut de patru coloane bogate în decorațiuni. Traversând intrarea, deasupra căreia lucea un șir de cobre, se ajungea într-o încăpere cu coloane de-o parte și de cealaltă, dincolo de care se găsea o sufragerie impunătoare. Douăsprezece coloane susțineau tavanul pe care erau probabil pictate păsări în zbor. În mijlocul încăperii se găsea un fel de pavilion care găzduia masa de cină și mai multe fotolii confortabile, încărcate cu perne viu-colorate. Dincolo de această încăpere se găsea o curte, iar în partea din spate a acesteia se găseau mai multe camere. Între camerele respective se găsea cu siguranţă un dormitor, având în vedere că înăuntru se observă un pat încărcat cu perne. Angajatele proprietarului locuiau probabil într-o altă parte a clădirii, care nu apare în reprezentare.

Palatul lui Ay, socrul lui Akhenaton, era o clădire mai pretenţioasă. Printr-o poartă de acces lucrată fin se intra într-o curte interioară. O altă uşă conferea acces într-o încăpere mare, străjuită de coloane. De aici se trecea într-o altă curte, din care se putea intra în mai multe dormitoare şi budoare. Într-una din aceste camere se observă două femei îmbrăcate vaporos, care dansează în timp ce un bărbat cântă la harpă. Într-o altă cameră, o altă fată dansează tot în acorduri de harpă, în timp ce un servitor aranjează părul unuia dintre domnii familiei. În celelalte camere se observă instrumente muzicale, lăute, harpe, lire, precum şi obiecte de toaletă. În continuare se ajunge în altă curte, de dimensiuni mai mici, în care cresc flori parfumate. Mai multe rezervoare cu apă îngropate conferă puţină răcoare zonei respective. Dincolo de această zonă se găsesc alte apartamente, iar în cele din urmă se ajunge la bucătării. În toată casa se găsesc mese fine, pe care se observă ulcioare cu vin sau platouri cu fructe. Lângă mesele respective se găsesc fotolii cu perne moi, gata să-i primească pe cei obosiţi. Servitorii pot fi văzuţi ducând aperitive încoace şi-ncolo, oprindu-se pentru a şterge praful sau, pur şi simplu, stând de vorbă.

Palatul lui Akhenaton nu este prezentat foarte clar în reliefurile şi picturile din mormânt, dar părţi ale acestuia au fost descoperite în urma excavaţiilor arheologice. La fel ca toate clădirile rezidenţiale din perioada respectivă, era o clădire înaltă, luminoasă, realizată din cărămidă. Zidurile, tavanele şi pardoselile era acoperite cu picturile cele mai frumoase. Tavanele uşoare ale încăperilor sale erau susţinute de coloane fine, cu inserţii de sticlă colorată şi piatră sau acoperite cu picturi înfăţişând lujeri de viţă şi alte plante agăţătoare. Încă se păstrează unele porţiuni ale pardoselii, iar vizitatorii oraşului străvechi pot vedea picturile reprezentate pe aceasta. Un viţel care aleargă, în bătaia soarelui, peste un câmp de maci roşii. Gâşte sălbatice care se ridică de pe baltă, bătând din aripi printre trestii şi stârnind fluturii. Printre florile de lotus ce odihnesc pe cutele apei se observă peşti care înoată sinuos. Acestea reprezintă doar fragmente din picturile de odinioară care încântau privirea faraonului sau aduceau suspine pe buzele reginei.

Pictura acestei perioade excelează în reprezentarea animalelor și plantelor. Sinuozitatea coardelor de viță de vie și frunzele acestei plante erau studiate cu multă grijă. Mișcările rapide ale animalelor erau reprezentate corect. Aceasta este ramura artei orientale în care artiștii lui Akhenaton au atins excelența. Sculptura tridimensională ajunsese și ea la un nivel care nu mai fusese atins până atunci. O statuie a lui Akhenaton din acestă perioadă poate sta alături de statuile lui Donatello, iar bustul reginei Nefertiti, care se găsește în prezent în muzeul din Berlin, este probabil portretul cel mai plin de viață din întreaga artă egipteană.

În mormântul lui Huya se găsește reprezentarea unui artist, pe nume Auta. Acesta se găsește în atelierul său și este pe punctul de a termina o statuie a prințesei Baketaton. Stă pe un scaun cu picioare scurte, are o paletă în mână și pictează statuia, așa cum se obișnuia. Spre deosebire de posturile convenționale ce pot fi observate în lucrările anterioare, de acestă dată subiectul lucrării are o atitudine degajată și plină de grație. Una din mâinile sale este întinsă de-a lungul corpului, în timp ce cu cealaltă duce la gură o rodie. Asistentul lui Auta stă lângă statuie, iar în apropiere se găsesc doi ucenici care lucrează niște obiecte de importanță minoră, dălțile lor putând fi observate pe o masă din apropiere. Recent a fost descoperit atelierul unui alt artist, care se numea Tutmes, în care au fost găsite mai multe busturi frumos lucrate.

Lucrări de genul celor pe care Tutmes, Auta și alți colegi de-ai lor le executau, sunt mărturii eterne ale domniei lui Akhenaton, care îi vor purta numele în timp până atunci când „lebăda se va face neagră și corbul, alb". Va veni cu siguranța o vreme, iar acest lucru se va întâmpla curând, în care arta Egiptului se va bucura de o atenție sporită și numele lui Akhenaton va fi alăturat numelui Medici, în calitate de patron al artelor, dacă nu de învățător al marilor maeștrii. Akhenaton i-a eliberat de povara convențiilor și le-a invitat mâinile să reproducă ceea ce vedeau. Akhenaton i-a învățat să privească frumusețile naturii înconjurătoare, să considere întreaga lumea pătrunsă de elementul vital și să insufle blocurilor reci de piatră ceva din "strălucirea ce vine de la Aton". De la

Akhenaton se propagă unda de fericire pe care ne-o transmit aceste câteva comori care au supravieţuit distrugerii totale care s-a abătut asupra Oraşului Orizontului.

Societatea de Explorare a Egiptului a terminat în anul 1922 lucrările la situl vechiului oraş al lui Akhenaton. Ruinele palatului şi grădinilor, care trebuie să fi fost extrem de frumoase la vremea lor, au fost scoase la lumină. "Împrejurimea lui Aton", de exemplu. Aceasta era o grădină deschisă publicului, în care frumuseţile naturii erau dispuse în aşa fel, încât să ilustreze cuvintele din imnurile lui Akhenaton: "O Doamne, felurită-Ţi mai e opera! Minunate sunt lucrările Tale, O Doamne!".

„Împrejurimea lui Aton" era compusă din două zone înconjurate de ziduri. Accesul în prima dintre aceste zone se făcea printr-un coridor format de 36 de coloane, dincolo de care se găsea un lac artificial de dimensiuni reduse, înconjurat de copaci. Cioturile şi rădăcinile copacilor respectivi încă se păstrează în pământul care a fost adus în mijlocul deşertului, tocmai de la malul Nilului. Lacul fusese populat cu peşte şi au fost găsite rădăcinile şi alte rămăşiţe ale nuferilor care-i înfrumuseţau oglinda. Pe una din laturile „Împrejurimii lui Aton" se găseau mai multe construcţii în care erau ţinute vitele, oile, raţele, etc., despre care se spunea în imnurile lui Aton că îl slăvesc de-a pururea pe Dumnezeu.

În cea de-a doua zonă, situată în continuarea celei dintâi, se găsea un lac mai mare înconjurat de grădini. Pe malul acestui lac a fost construit un chei, probabil pentru bărcile de agrement. În grădinile din jurul lacului se găseau case de vacanţă sau pavilioane. Pe latura de nord a lacului a fost construită o colonadă de la umbra căreia putea fi admirată splendida reflexie a soarelui în oglinda lacului. În apropiere se găseau pivniţe cu vinuri, două dintre care erau sigilate atunci când au fost descoperite şi conţineau vase cu vin pe care era înscrisă data culesului şi calitatea. Pe unele dintre vasele respective scrie „Vin foarte bun".

Într-una din extremităţile acestei zone se găsea un pavilion deosebit de frumos, coloanele căruia se înălţau din bazine cu apă încărcate cu lotuşi. Zidurile şi coloanele erau decorate cu picturi reprezentând ciorchini de struguri şi rodii, flori de lotus albastre şi frunze verzi. Raţe sălbatice erau reprezentate în zbor, înălţându-se în albastrul cerului. O alee marcată de flori conducea la un alt lac mai mic, pe care se găsea o insulă unită de țărm de un pod frumos decorat. Pe această insulă se găsea o casă de vară decorată cu plăci de faianță și modele pictate (vântul acoperise cu aproximativ un metru de nisip ruinele orașului, iar cei care au realizat excavațiile au trebuit doar să îndepărteze acest înveliș moale, pentru a scoate la lumină rămășițele bine păstrate ale grădinilor și părțile inferioare ale zidurilor și coloanelor).

În urma excavațiilor au fost scoase la lumină mai multe palate și vile ale nobililor. Cele mai multe dintre acestea fuseseră construite de-a lungul celor două bulevarde principale ale orașului, numite Strada Marelui Preot și Magistrala Faraonului. Cu această ocazie va fi prezentată o descriere a uneia dintre construcțiile respective. Este vorba despre reședința lui Nakht[69], vizirul lui Akhenaton. Clădirea a fost construită pe o platformă înălțată, astfel încât la ușa de intrare se ajunge după urcare mai multor trepte. Un portic cu două coloane conduce în Logia de nord, un fel de verandă care oferă o privire de ansamblu asupra grădinilor. Tavanul este de culoare albastră și este susținut de opt coloane din lemn ornat, care se sprijină pe postamente din piatră. Pereții sunt de-un alb intens, cu o friză pe care sunt pictate pe fond verde flori albastre de lotus. Pardoseala este acoperită cu dale colorate. Logia are în fiecare capăt câte o ușă care conduce în camerele de serviciu, iar în mijloc are o altă ușă care conduce în salonul central. Acest salon are patru coloane care susțin tavanul cu ornamente fine. Într-o parte se găsea un divan pe care erau așezate fără niciun dubiu pături și perne. Divanul era situat în fața unui șemineu circular, așezat într-un intrând al zidului. Aici ardea focul în timpul serilor reci de iarnă, iar fumul ieșea afară prin niște ferestre situate în partea superioară a încăperii. Într-o altă parte a salonului se găsește o platformă din piatră pentru abluțiuni. Vizirul și oaspeții săi stăteau pe această platformă, în timp ce servitorii le spălau mâinile și picioarele, după obiceiul oriental.

Din salon se poate trece în camerele din interior, inclusiv în dormitorul vizirului, în care patul se găsea pe o estradă. Tot din salon se poate trece în Logia de vest, care capta razele solare ale după-amiezii, atât de plăcute în timpul iernii și asigura dimineți răcoroase în anotimpul cald sau se poate ajunge la scările care conduceau la etajele superioare (acum distruse) şi la acoperişul cu terasă. Lângă dormitor se găseşte baia. Aici, persoana care se îmbăia stătea pe o dală de piatră, în timp ce servitorii turnau apă. Apa folosită se scurgea într-un bazin îngropat. Alături de baie este camera în care se găsea toaleta.

Reşedinţele de acest tip erau înconjurate de grădini, în care se găseau pavilioane şi, probabil, lacuri mici cu lotuşi. În apropierea zidurilor de împrejmuire văruite se găseau hambarele şi depozitele. Tot acolo se găseau, de obicei, puţuri pentru aprovizionarea cu apă.

VI.5 Afecţiunea lui Akhenaton pentru familie

În jurul celui de-al treisprezecelea an de domnie lui Akhenaton i s-a născut cea de-a cincea fiică, care a fost numită Neferneferura. Este semnificativ faptul că numele lui Aton, care făcuse parte din numele fiicelor precedente, este înlocuit cu numele lui Ra. Cu aproximativ un an mai târziu, în timpul celui de-al şaisprezecelea an de domnie, i s-a născut cea de-a şasea fiică. Aceasta a fost numită Setepenra, numele lui Ra fiind încă o dată folosit în locul numelui lui Aton. Este imposibil de explicat această schimbare de ordin teologic prin care a trecut noua religie în perioada respectivă, dar este evident că a avut loc o dezvoltare care l-a implicat pe Ra.

Nu se născuse încă niciun fiu şi atât faraonul, cât şi regina suferiseră deja şase dezamăgiri succesive. Poate fi menţionat cu această ocazie că următorul copil născut nefericitului cuplu în următorul an a fost o a şaptea fetiţă şi o a şaptea dezamăgire. În următorii doi ani, care aveau să fie ultimii ai domniei, nu s-a mai născut niciun copil (oricum, niciunul nu a fost înţărcat), aşa că Akhenaton a murit fără niciun fiu. Este bizar să ţi-l imaginezi pe acest predicator cu idealuri înalte, în palatul său, înconjurat de cele şase fetiţe ale sale, aşa cum este reprezentat pe monumente. Niciun alt faraon nu mai permisese să fie reprezentat în mijlocul familiei sale, dar Akhenaton se pare că era fericit doar dacă soţia şi copiii săi îi erau aproape. Farmecul vieţii de familie, caracterul sacru al legăturilor dintre soţ şi soţie, părinţi şi copii, par să fi fost elemente importante ale doctrinei. El îşi îndemna şi nobilii să îşi trateze cu interes propriile familii. În mormântul lui Panehesy[70], de exemplu, poate fi văzută o reprezentare a acestuia alături de soţie şi de cele trei fiice ale sale. O statuetă care se găseşte în muzeul din Berlin îl înfăţişează pe faraon aşezat pe tron, în timp ce îşi alintă una dintre fiice, pe care o ţine pe genunchi. El o sărută, buzele lor se ating, o ipostază intimă neobişnuită, mai ales dacă ne amintim sobrietatea artei egiptene din alte perioade.

Burna-Buriaş al II-lea[71], regele Babilonului, i-a scris lui Akhenaton în cel de-al paisprezecelea sau cel de-al cincisprezecelea an de domnie, cerându-i mâna uneia dintre fiicele sale pentru fiul său. Akhenaton şi-a dat consimţământul, dorind relaţii de prietenie cu Babilonia şi a ales-o viitoare regină a Babilonului probabil pe Neferneferuaton, cea de-a patra fiică a sa. Fiica sa cea mare a fost măritată ulterior cu un nobil pe nume Semenkhare, care avea să urce la tron după moartea lui Akhenaton, iar cea de-a treia fiică a sa a fost măritată cu un nobil pe nume Tutankhaton, care avea să uzurpe tronul, aşa cum vom vedea în continuare. Aceste fiice erau deja logodite, având în vedere că nu au fost alese pentru a fi măritate cu prinţul Babiloniei. Cea de-a doua fiică, Maketaton, nu a fost aleasă din pricina stării precare de sănătate. A fost aleasă mica prinţesă, care se născuse în cel de-al zecelea an de domnie. Aceasta nu avea mai mult de cinci ani. Akhenaton nu şi-a trimis fiica imediat la viitoarea reşedinţă. A aranjat căsătoria la distanţă şi şi-a mai păstrat fiica aproape timp de câţiva ani. Acest lucru se înţelege dintr-o scrisoare trimisă de Burna-Buriaş lui Akhenaton, în care regele Babilonului spune că îi trimite un colier cu mai mult de o mie de pietre preţioase „fiicei faraonului, consoarta fiului său", ceea ce înseamnă că aceasta încă locuia în Egipt.

Pe lângă cele şase fiice ale lui Akhenaton, care aveau să devină curând şapte, mai locuiau, probabil, la palat alte două prinţese. Una dintre acestea era sora lui mai mică, Baketaton, care vizitase Oraşul Orizontului împreună cu mama sa, dar despre care nu se mai ştie nimic, fiind probabil să se fi stins la scurt timp după moartea reginei moştenitoare. Cealaltă era Nezemmut, sora reginei Nefertiti, care era, probabil, măritată cu un nobil egiptean. În mormintele lui May[72],

Panehesy și Ay se găsesc portrete ale sale. Nezemmut este reprezentată alături de două femei pitice, numite Para și Reneheh, care păreau să o însoțească peste tot. Nezemmut era cu siguranță încă foarte tânără, iar aceste două însoțitoare grotești se ocupau de siguranța și amuzamentul său.

VI.6 Prietenii lui Akhenaton

Modul lipsit de afectare în care Akhenaton este reprezentat de artiștii săi, înconjurat de copiii săi, semnalează faptul că, deși solicita omagii de la supușii săi în calitate de faraon al lor, în alte privințe aștepta de la aceștia doar înțelegere și afecțiune. În calitate de faraon persoana sa era inaccesibilă și atitudinea sa era distantă, dar ca om el exemplifica cu fiecare ocazie ceea ce considera că un om ar fi trebuit să facă. Chiar și în momentele în care se afla pe tronul regal, de care oricine s-ar fi apropiat cu capul plecat și atitudine umilă, putea glumi cu copiii și putea fi tandru cu regina. Mulți dintre discipolii și oamenii curții, care se apropiau reverențios de tron, erau în realitate bunii săi prieteni. Akhenaton nu era foarte interesat de tradițiile aristocratice și chiar dacă pretindea un respect convențional de la supușii săi și aproba regulile de etichetă ale curții regale (cel puțin pe cele mai puțin plictisitoare), mulți dintre prietenii săi apropiați aveau origini umile, iar mâinile care țineau pe atunci evantaiele din pene de struț bătute cu pietre prețioase, puteau la fel de bine apuca sapa sau plugul.

May, un înalt oficial al orașului, vorbea astfel despre sine: "Originile mele sunt umile, atât din partea tatălui, cât și a mamei, dar faraonul m-a instalat... M-a făcut să cresc... prin mărinimia sa, pe când nu aveam nimic... mi-a dat hrană și provizii zi de zi, mie, unuia care se mai întâmpla să cerșească o coajă de pâine". Huya, majordomul reginei Tiy, spune că faraonul își alegea viitoarele oficialități din rândul țăranilor. Panehesy ne spune că Akhenaton este o persoană „care face prinți și-i educă pe umili" și adaugă: "Nu eram un apropiat al prinților și am fost făcut un apropiat al faraonului". Dar, la fel cum faraonul ridica oamenii în grad, îi putea retrograda pe aceia care nu respectau măsurile pe care le adoptase. Astfel, la un moment dat May pare să fi căzut în dizgrație și să fi fost izgonit din oraș.

În mormântul lui Mahu, un oficial al poliției care era un preferat al faraonului și nu avea (probabil) origini înalte, se găsesc unele reprezentări legate de funcția sa, care sunt de mare interes. În unele dintre acestea este prezentată prinderea unor străini, probabil beduini, care făceau parte dintr-o bandă de hoți sau de rebeli. Mahu fusese trezit devreme într-o dimineață de iarnă de vești privind o tulburare a liniștii publice, iar un servitor ațâța focul pentru a dezmorți aerul dimineții. Mahu își cheamă caleașca, se deplasează la locul faptei și-i arestează pe unii dintre vinovați. Aceștia sunt conduși în fața vizirului, care îl primește pe Mahu cu exclamații aprobatoare. "Examinați acești oameni, Luminăție," spune Mahu, "pe care i-au instigat străinii". Din aceste cuvinte s-ar părea că prizonierii erau iscoade străine sau chiar asasini îndreptați împotriva faraonului.

Nu știm dacă Orașul Orizontului era bine apărat în perioada respectivă de teama unei posibile revolte în Egipt sau pentru că așa se obișnuia. În mormântul lui Mahu se găsește o reprezentare care îl prezintă pe Akhenaton în timp ce inspectează fortificațiile. El conduce caleașca în care se mai află regina și fiica sa cea mare, Merytaton. Chiar dacă armăsarii nărăvași par greu de stăpânit, mai cu seamă pentru că Merytaton este pusă pe șotii și-i împunge cu un băț, Akhenaton este un conducător suficient de bun pentru a-și permite, în același timp, să discute cu regina și să schimbe câteva vorbe cu Mahu, care fuge pe lângă caleașcă. În contrast remarcabil cu obiceiul celorlalți faraoni, Akhenaton este însoțit doar de un corp neînarmat de gardă al poliției, ceea ce ar putea fi un semn al popularității sale. Fortificațiile reprezentau niște cazemate construite la distanțe egale, apărate de rețele de funii.

În mai multe morminte se găsesc reprezentări ale persoanelor înmormântate acolo care primesc premii de la faraon pentru bunele rezultate obținute în cadrul activităților lor oficiale sau pentru interesul manifestat în privința învățăturilor lui. Un înalt oficial numit Pentu ne-a lăsat o scenă în care Akhenaton se află pe tron în sala palatului său, iar el stă înaintea faraonului şi primeşte din mâinile regale multe coliere din aur în semn de apreciere a serviciilor aduse. Se observă o parte a palatului, dar reprezentarea este foarte deteriorată. Într-un colţ al curţii împrejmuite se observă un lac mic sau un bazin înconjurat de flori, dar schema diferitelor camere nu se înţelege şi este, oricum, puţin importantă în comparaţie cu reprezentarea în care faraonul îl primeşte pe Pentu cel fericit. În general, Akhenaton pare să fi fost un bun prieten, dar şi un inamic aprig. Aceia care i-au fost de ajutor în privinţa lucrurilor dificile pe care şi le propusese au fost răsplătiţi regeşte pentru truda lor.

VI.7 Dificultăţile lui Akhenaton

Starea precară de sănătate l-a făcut pe Akhenaton să-şi construiască grabnic un mormânt în stâncile din spate Oraşului Orizontului. Şi-a ales drept loc al odihnei veşnice o vale pustie şi accidentată, care se adânceşte între dealuri şi pătrunde în deşert printre stânci căzute, urmând râuri secate. Este:

„*Un loc sălbatic! pe cât de sacru şi vrăjit*
A fost vreodată-un loc, sub palida lună bântuit
De vaiet de femeie, pentru al său demon iubit".[73]

Acolo şi-a ales Akhenaton să fie îngropat, unde hienele umblau după pradă, unde rătăceau şacalii şi unde strigătul dezolant al bufniţei reverbera deasupra stâncilor. În timpul iernii, vântul rece mătură această vale şi urlă în jurul stâncilor. În timpul verii, soarele o transformă într-un adevărat cuptor, insuportabil pentru om. Nimic de acolo nu amintește de Dumnezeul care veghează, iar Aton-ul blând din concepţia faraonului pare să fi abandonat acest loc spiritelor rele. În locul în care şi-a săpat Akhenaton mormântul nu sunt flori şi nu cântă nicio păsărică. Pentru că faraonul credea că sufletul său prins în înflorirea Paradisului nu va cunoaşte mormântul.

Mormântul are un coridor care coboară în adâncul dealului şi conduce într-o sală tăiată în piatră, tavanul căreia este susţinut de patru coloane. Acolo se găsea sarcofagul din granit roz în care avea să odihnească mumia faraonului. Pereţii încăperii erau acoperiţi cu scene gravate în ghips (Ghipsul a căzut şi se mai păstrează puţin din ornamentele iniţiale. Mormântul este vizitat rar de turişti, având în vedere că se găseşte la aproximativ 11 kilometri de Nil, dar este în grija reprezentantului guvernului.) care reprezentau diferite momente din cultul lui Aton. Coridorul conduce şi la o cameră mai mică, din care un alt coridor urma să conducă într-o a doua sală în care urma să fie îngropată regina, dar care nu a mai fost terminată.

Construcţia mormântului a fost întreruptă de moartea lui Maketaton, cea de-a doua fiică a lui Akhenaton, care tocmai împlinise vârsta de 9 ani. A fost menţionat că ea suferea de ceva timp, iar moartea sa nu a fost, probabil, o surpriză pentru părinţii ei. Oricum, acest lucru nu le-a diminuat durerea, iar atunci când trupul micuţei a fost depus într-una din încăperile mormântului tatălui său, pereţii acesteia au fost acoperiţi, din ordinul lui Akhenaton, cu scene înfăţişând durerea familie. În cadrul acestor reprezentări, regina Nefertiti poate fi văzută ţinându-şi în braţe cea de-a şaptea fiică, născută recent, numele căreia a fost pierdut (este cunoscut doar faptul că se termină cu litera „t"). Celelalte cinci fete ale cuplului regal pot fi observate plângând lângă catafalc, alături de părinţii lor. Această reprezentare emoţionantă aduce compasiune pentru un faraon care, spre deosebire de alţi faraoni ai Egiptului, putea deplânge pierderea unei fiice.

Aceasta nu a fost singura suferinţă a lui Akhenaton. Doctrina sa nu era acceptată în Egipt atât de repede cum şi-ar fi dorit şi observa, probabil, o anumită lipsă de sinceritate chiar în rândul celor din preajma lui. Cu greu ar fi găsit un om care să-i fi continuat crezul, dacă ar fi fost să moară, iar atunci când templele şi palatul său erau aproape gata era conştient de faptul că totul era „construit pe nisip". Imperiul mult visat, unit de cultul comun al lui Aton, pălea cu rapiditate, iar veştile care-i soseau din Siria erau extrem de tulburătoare.

Regele Babilonului, fiul căruia se căsătorise cu una din fiicele lui Akhenaton, era în acele vremuri pe picior de război cu vecinul său, regele din Mitanni. Akhenaton a fost foarte aproape de a fi implicat în conflict. Regele Babilonului era bolnav de ceva vreme, iar Nefertiti nu îi trimisese urări de bine în cadrul corespondenței oficiale. Acest lucru a constituit o ofensă. În cele din urmă, atunci când regele Babilonului i-a trimis o scrisoare jignitoare lui Akhenaton, a menționat că trimite cadoul constând în obiectele decorative cerute de etichetă, dar a dorit să sublinieze că doar puține dintre ele erau pentru „doamna casei", adică pentru Nefertiti, având în vedere că aceasta nu se interesase de sănătatea lui.

La scurt timp i-a scris o altă scrisoare lui Akhenaton în care își manifesta mai multe nemulțumiri și afirma că niște trimiși de-ai săi fuseseră jefuiți pe teritoriul faraonului și că faraonul ar fi trebuit, drept urmare, să suporte pierderile. O a treia scrisoare reiterează nemulțumirile și face aluzii la viitoare necazuri. Între timp, regele din Mitanni care nu era în relații prietenești cu Akhenaton, reținuse trimisul faraonului, un anume Mani, fapt care sporise neliniștea lui Akhenaton. Tendința generală era una de discreditare a faraonului Egiptului, lucru care trebuie să fi fost extrem de iritant pentru Akhenaton, care dispunea de forța militară pentru a spăla insulta, dar găsea o astfel de acțiune contrară principiilor sale. O scrisoare trimisă unui prinț sirian a cărui loialitate era îndoielnică se încheie cu următoarele cuvinte: "Mă simt foarte bine, eu, soarele din ceruri, iar carele mele de luptă sunt foarte multe la număr și soldații mei sunt extrem de numeroși. Din Egiptul de Sus, până în Egiptul de Jos, de la palatul de unde răsare soarele, până la palatul unde soarele apune, întreaga țară este bine și mulțumită". Prin urmare, Akhenaton își cunoștea puterea și voia să o cunoască și alții, ceea ce sporește surpriza în fața faptului că alege să nu o folosească, așa cum vom observa curând.

VII. Ultimii doi ani ai domniei lui Akhenaton

„Ştiu, spuse el, că-ţi place să priveşti munţii sau să te urci pe ei şi să ucizi ce întâlneşti. Mie, însă, îmi place apa ce curge într-o grădină liniştită, c-un trandafir oglindindu-se în ea în cântec de privighetoare." Mirza Mohammed, "Povestea lui Valeh şi a lui Hadijeh".

VII.1 Invazia hitită în Siria

Nişte localnici care săpau în situl străvechiului oraş al lui Akhenaton au găsit, în 1887 şi în 1891, scrisorile care aveau să devină faimoase sub numele de „Scrisorile de la Amarna"[74]. Este vorba despre nişte plăci de teracotă inscripţionate cu caractere cuneiforme, care reprezintă corespondenţa dintre conducătorii Egiptului, Babiloniei, Asiriei, etc.. Evenimente consemnate în acestea erau necunoscute înaintea acestei descoperiri, iar importanţa excavaţiilor conduse de Societatea de Explorare a Egiptului în situl respectiv devine clară atunci când realizăm faptul că este probabil să fie găsite mai multe astfel de documente.

Capătul de est al mării Mediterane are Egiptul şi deşertul în partea de sud, Palestina şi Siria în est, iar în nord, Asia Mică. Acestea formează, în linii mari, laturile unui triunghi. Cuceririle marelui faraon-războinic Tutmes al III-lea au extins Egiptul până în părţile de nord-est ale triunghiului de mai sus, adică până acolo unde Siria întâlneşte Asia Mică. Insula Cipru are o formă asemănătoare unui deget arătător întins şi se poate spune că degetul respectiv indică limita cuceririlor Egiptului, undeva în apropierea munţilor Amanus[75]. Regatul din Mitanni era situat pe malul Eufratului, la aproximativ 200 de kilometri de munţii respectivi. Având în vedere că era un stat-tampon între posesiunile Egiptului în Siria şi zonele necucerite de dincolo de acestea, faraonii avuseseră grijă să se unească prin căsătorii, după cum am văzut, cu conducătorii regatului respectiv. La nord-est, în spatele regatului Mitanni, se găseau regatele prietene care marcau limitele lumii cunoscute. La nord se găseau teritoriile ostile ale Asiei Mici, deţinute de hitiţi, o confederaţie războinică de popoare, probabil strămoșii armenilor moderni. Aceștia constituiau principala amenințare a Imperiului egiptean în Siria și oamenii de stat ai Egiptului trebuie să fi aruncat multe priviri neliniștite în direcția munților amenințători care se înălțau dincolo de Mitanni. O eventuală mișcare la sud a hitiților, indiciile căreia deveneau tot mai clare, i-ar fi purtat pe aceștia, peste și pe lângă munții Amanus, la est, de-alungul rutelor prin Mitanni, la vest, dincolo de mare și de Liban sau în direcție mediană între rutele de mai sus, peste orașele Tunip[76], Kadesh[77] și altele pe care le-ar mai fi întâlnit în drum.

Atunci când Akhenaton a urcat la tron, regele hitiților era Seplel[78]. Acesta era pe cale să devină un prieten al Egiptului. Dar niște supuși ai săi au trecut în Mitanni și au fost izgoniți de regele Dușarata[79]. Acest lucru a produs o răcire a relațiilor dintre Seplel și faraon. Cu toate că primul a trimis un ambasador în Orașul Orizontului, corespondența între cei doi monarhi a încetat repede. Tânărul faraon idealist al Egiptului avea, se pare, oroare de război, iar hitiții erau un popor cu esență războinică pentru care Akhenaton nu putea nutri sentimente prietenești. Curând, hitiții, care nu reușiseră traversarea regatului Mitanni, au luat-o către est și au cucerit regiunea Amki, care se găsea pe coasta mării, între munții Amanus și Liban. Această mișcare ar fi putut fi oprită de Aziru[80], un prinț al amoriților care conducea teritoriile dintre Amki și Mitanni și a cărui datorie din poziția de vasal al Egiptului era să oprească incursiunile hitiților la sud. Dar Aziru, la fel ca tatăl său, Abdi-Ashirta, era pe cât de ambițios, pe atât de lipsit de loialitate și comportamentul său, atât în privința hitiților, cât și a egiptenilor, a fost extrem de lipsit de scrupule. Politica sa a urmărit învrăjbirea celor două popoare, pentru a-și mări puterea pe socoteala lor.

VII.2 Akhenaton nu se implică în lupte, în baza convingerilor

Dacă linia politică pe care Akhenaton a adoptat-o în privința Siriei ar fi analizată din punctul de vedere al unui om simplu, aceasta ar părea modestă. Un imperiu câștigat cu sabia nu poate fi condus cu idealuri, iar aceia care aplică doctrina „păcii şi bunăvoinţei" unor naţiuni războinice, pun în pericol principiile pe care le predică. În timp ce tânărul faraon cânta psalmi lui Aton în noul său oraş, prinţii din Siria cântau cântece revoluţionare care aveau să fie auzite curând de garnizoanele egiptene izolate. Nu le păsa de Tatăl binevoitor al omenirii pe care degetul fin al lui Akhenaton îl indica cu toată convingerea. Nu cunoşteau monoteismul şi nu găseau împlinire în Unul, care era conducătorul blând al tuturor oamenilor, din toate popoarele. Pentru ei un zeu adevărat era acela care-i învingea pe ceilalţi zei, un conducător viteaz în luptă, unul care răzbuna neîndurător orice ofensă. Baal[81] cel furios, Tishub[82] cel însetat de sânge, teribila Iştar[83], acestea erau divinităţi pe care oamenii le puteau iubi. Cum mai dispreţuiau faptul că Dumnezeul păcii era numit Singurul! Ce mai râdeau de tânărul faraon, care renunţase la sabie pentru psaltire şi spera să conducă zonele dificile pe care le stăpânea doar cu iubire!

Iubire! Este uimitor acest idealism cutezător, acestă frumoasă nebunie a acestui faraon, care a predicat o religie a păcii unei Sirii clocotitoare, într-o perioadă a violenţei. Omenirea încă năzuieşte după aceste idealuri trei mii de ani mai târziu. În zilele noastre este cunoscută doctrina. Aceasta a fost predicată de cineva mai important ca Akhenaton, care a şi murit pentru ea. Astăzi Dumnezeu ne este cunoscut, iar pacea lui Dumnezeu este ceea ce sperăm. Dar în acea perioadă îndepărtată, cu 1300 de ani înainte de naşterea lui Cristos, cu două sau trei secole înainte de David şi Solomon şi cu mulţi ani înainte de predicile lui Moise, este surprinzător să vedem lumina cea adevărată, strălucind pentru un moment asemenea soarelui printr-o crăpătură dintre nori, mai ales când ştim că a venit prea repede. Omenirea, care nu este pregătită nici acum, era pe atunci total nepregătită şi preţul plătit de Egipt pentru ideile faraonului a fost pierderea teritoriilor sale de peste hotare.

Akhenaton credea în Dumnezeu şi pentru el credinţa respectivă însemna aversiune faţă de război. Pe baza materialului disponibil pentru studiul acestei perioade istorice, situaţia din Siria poate fi interpretată într-un singur fel. Akhenaton a refuzat categoric să se implice în lupte, considerând recursul la arme o jignire la adresa lui Dumnezeu. Şansă sau neşansă, câştig sau pierdere, el îşi accepta destinul, îşi respecta principiile şi nu avea să se reîntoarcă la vechii zei ai războiului.

Trebuie reamintit faptul că în perioada respectivă imperiul era proprietatea personală a faraonului, la fel cum fiecare regat era proprietatea regelui. Nimeni nu considera că o eventuală posesiune ar fi aparţinut naţiunii care punea mâna pe ea. Posesiunea aparţinea regelui naţiunii respective. Pentru poporul sirian conta foarte puţin dacă stăpânul lor era un egiptean sau un sirian, cu toate că ar fi preferat, probabil, să fie în posesia unuia de-ai lor. Akhenaton făcea ceea ce voia cu proprietatea sa. Refuza să lupte pentru posesiunile sale. Acţiona literalmente în baza principiului creştin „dacă îţi ia cineva haina cu sila, nu-l opri să-ţi ia şi cămaşa"[84]. Patriotismul nu era cunoscut în lume. Fiecare supus trebuia să manifeste devotament pentru interesul personal al regelui, care se gândea el însuşi doar la interesul său. Astfel, Akhenaton nu poate fi acuzat că şi-a ruinat ţara fiindcă a refuzat războiul. Avea dreptul să acţioneze după bunul plac cu proprietatea sa personală şi dacă şi-a sacrificat posesiunile principiilor, sacrificiul a fost făcut pe marele altar al Domnului, pierderea fiind strict a sa. O astfel de pierdere, ce-i drept, i-ar fi frânt inima pentru că iubea Siria şi avusese mari speranţe în privinţa unirii imperiului sub aceeaşi religie. Dar, orice s-ar fi întâmplat, era hotărât să nu se amestece în luptele pe cale să izbucnească în Siria.

VII.3 Lipsa de loialitate a lui Aziru

În timp ce Aziru, amoritul[85], uneltea la graniţele Asiei Mici, un prinţ sirian numit Itakama a instituit un regat independent în Kadesh şi a dat mâna cu hitiţii. Acest lucru a izolat oraşul loial faraonului, Tunip, regatul prieten Mitanni şi teritoriile lui Aziru, cel lipsit de loialitate, lipsindu-le de contactul direct cu Libanul şi cu celelalte posesiuni Egiptene din Palestina şi Siria. Trei regi vasali, ajutaţi probabil de Duşarata din Mitanni, i-au atacat pe rebeli, dar au fost respinşi de Itakama şi aliaţii săi hitiţi.

Aziru a întors imediat situaţia în avantaj propriu. Constrâns de prezenţa hitiţilor la nord şi de noul regat al Kadeshului la sud şi-a îndreptat armata de-a lungul fluviului Orontes, către coasta Mediteranei și a cucerit orașul aflat aproape de gura de vărsare a fluviului respectiv. Dacă i-ar fi cerut socoteală hitiții, ar fi spus că reprezenta avangarda invaziei hitite în Siria și le pregătea drumul. Dacă ar fi făcut-o Itakama, i-ar fi spus că realiza legătura hitiților cu Kadeshul. Și dacă i-ar fi cerut explicații Akhenaton, ar fi putut spune că nu făcea decât să asigure teritoriul respectiv pentru Egipt, în fața avansului hitiților.

Aziru prefera, fără îndoială, să păstreze pacea cu hitiții, având în vedere că acesta era poporul în expansiune. Însă, în același timp, nu îndrăznea să arate ostilitate Egiptului, ale cărui armate puteau traversa oricând Mediterana. Incapabil să mențină o poziție independentă, a considerat mai prudent să permită hitiților să avanseze la sud, pe teritoriile sale, din Amki, prin și pe lângă Liban, către Kadesh, unde se găsea Itakama, aliatul acestora. În schimbul acestui serviciu se pare că i-a fost dată mână liberă în urmărirea intereselor personale, lucru care l-a făcut să-și îndrepte atenția către orașele de pe coasta mării, Simirra[86] și Byblos[87], în vestul Libanului. Acolo a fost totuși oprit și nu a reușit să se impună. S-a îndreptat la est, către orașul Niy, pe care l-a cucerit și pe al cărui rege l-a ucis. Le-a spus probabil, atât hitiților, cât și egiptenilor că făcuse lucrul respectiv în interesul lor.

Aflând acest lucru, conducătorul orașului Tunip i-a trimis un apel patetic lui Akhenaton, cerându-i ajutorul. Era izolat și știa că Aziru e lipsit de scrupule.

„*Către faraonul Egiptului, domnul meu*" începe scrisoarea. "*Locuitorii din Tunip, supușii tăi. Cu voia voastră, la picioarele domnului nostru cădem. Doamne, Tunip, servitorul tău, spune: «Cine-ar fi putut prăda Tunip-ul, fără să fie prădat la rându-i de Tutmes al III-lea?» Zeii ... faraonului Egiptului, Domnului meu, sălășluiesc în Tunip. Fie ca domnul nostru să-și întrebe bătrânii (pentru a vedea că este astfel). Acum, totuși, nu mai aparținem domnului nostru, faraonul Egiptului. ... Dacă soldații și carele de luptă sosesc prea târziu, Aziru ne va supune, cum a făcut cu orașul Niy. Dacă, totuși, trebuie să plângem, atunci faraonul Egiptului va deplânge ce Aziru va fi făcut, pentru că el va veni asupra noastră. Și când Aziru va intra în Simirra, Aziru se va purta cu noi după bunul plac, în teritoriul domnului nostru, faraonul şi aceste lucruri domnul nostru le va regreta. Tunip, oraşul vostru, plânge, lacrimile-i curg şi nu întrevede niciun ajutor. Timp de 20 de ani l-am tot chemat pe domnul nostru, faraonul, faraonul Egiptului, dar nu ne-a venit înapoi niciun cuvânt, nu, nici măcar unul singur."*

Din această scrisoare se înţeleg mai multe lucruri. Se înţelege că în oraşele mai îndepărtate din Siria nu era înţeleasă semnificaţia noii religii a lui Akhenaton. Conducătorul oraşului Tunip face referire la vechii zei ai Egiptului veneraţi în oraşul respectiv şi nu ştie sau nu-i vine să creadă că Akhenaton devenise monoteist. Se înţelege că amintirea teribilului Tutmes al III-lea şi a armatelor sale victorioase era încă vie în minţile oamenilor şi era, probabil, un izvor principal al perioadei lungi de pace din Siria. Tatăl lui Akhenaton, Amenofis al III-lea, nu fusese preocupat de posesiunile sale de peste hotare şi, având în vedere faptul că locuitorii din Tunip cereau ajutor de 20 de ani, s-ar părea că pericolul care-i ameninţa în momentul trimiterii scrisorii de mai sus, exista şi înainte de moartea faraonului.

Ne-am putea întreba cum a putut Akhenaton să citească o astfel de scrisoare şi să refuze, totuşi, trimiterea unei armate salvatoare în Siria. Byblos şi Simirra erau încă loiale faraonului şi trupele care debarcau în aceste porturi puteau ajunge repede în Tunip, îl puteau zdrobi pe Itakama, în Kadesh şi-l puteau determina pe Aziru să ofere un ajutor real lui Duşarata şi altor regi loiali, pentru a nu-i lăsa pe hitiţi să treacă munţii Amanus. Era un moment de încercare pentru Akhenaton şi în mod asemănător marelui Învăţător care avea să predice aceeaşi doctrină a sacrificiului personal cu 1300 de ani mai târziu, este de înţeles marea suferinţă prin care a trecut faraonul atunci când a realizat că principiile sale îl făceau să piardă posesiunile cele mai dragi. Generalii săi din Egipt, dornici să intervină în Siria, trebuie să fi încercat din greu să-l convingă să le permită să facă acest lucru. Pentru băiat, însă, nu exista cale de întoarcere. "Pune-ţi sabia la locul ei," pare să fi spus, "căci toţi cei ce scot sabia de sabie vor pieri"[88].

VII.4 Luptele pornite în Siria cuprind tot mai multe regiuni

Pe vremea aceea regele Byblosului era o persoană pe nume Ribaddi, un soldat bătrân loial Egiptului. Acesta i-a scris lui Akhenaton, solicitându-i trimiterea de trupe în ajutorul garnizoanei din Simirra, de care se apropia Aziru. Ştia că dacă ar fi căzut Simirra, Byblosul nu ar fi rezistat mult. Aflăm apoi că Zimrida, regele Sidonului[89], un oraş-port din apropiere, l-a primit în oraşul său pe Aziru, i s-a alăturat şi au pornit împreună împotriva oraşului Tir. Abimilki, regele oraşului Tir, i-a scris de îndată lui Akhenaton, solicitându-i ajutorul. Fiindcă nu a primit niciun răspuns, se pare că s-a unit cu Aziru. Ribaddi rămăsese izolat în Byblos. I-a scris faraonului din oraşul asediat, spunându-i că „Simirra este ca o pasăre în laţ". Akhenaton nu a răspuns şi în scurt timp, Ribaddi i-a scris din nou, spunând: "Simirra, fortăreaţa ta, este de pe-acum în puterea *kabirilor*".

Kabirii erau beduinii de dincolo de Palestina, pe care Aziru îi folosea ca mercenari şi care făceau şi pe cont propriu unele cuceriri în partea de sud. Oraşele din partea de sud, Megiddo[90], Aşkelon[91], Gezer[92] şi altele, scriau şi ele faraonului, cerându-i ajutorul. Iritate de lipsa de acţiune a lui Akhenaton, Aşkelon şi Gezer, împreună cu oraşul Lahish[93], s-au eliberat de stăpânirea egipteană şi au atacat Ierusalimul, oraş loial Egiptului, condus de un ofiţer pe nume Abdkhiba. Acest soldat loial Egiptului i-a trimis imediat o depeşă lui Akhenaton. În continuare este citată o parte a acesteia.

„*Întreg pământul faraonului luptă ca şi mine, dar va fi pierdut. Iată, pământul Seir-ului, până la Carmel, este pierdut cu prinţii săi cu tot şi mă vor învinge şi pe mine. ... Câtă vreme navele erau pe mare, braţul puternic al faraonului ocupa Naharin şi Kash, dar acum kabirii ocupă oraşele faraonului. Nici măcar un singur prinţ nu mai este de partea domnului meu, faraonul; toată lumea este în ruine. ... Faraonul să aibă grijă de pământul său şi ... să trimită trupe. ... Dacă nu vor veni trupe anul acesta, întreg pământul domnului meu, faraonul, va fi pierdut. ... Dacă nu vor fi trimise trupe anul acesta, să trimită faraonul ofiţerii săi să mă ia împreună cu fraţii mei, să putem muri lângă domul nostru, faraonul."*

Persoana care a scris această scrisoare, a adăugat un *post scriptum* pentru secretarul lui Akhenaton (pe care este limpede că îl cunoştea) care sună în felul următor: *"Prezintă sincer aceste rânduri domnului meu, faraonul. Întreg pământul domnului meu, faraonul, va fi pierdut"*.

Scrisori de acest tip i-au fost trimise lui Akhenaton de puţinii prinţi care îi mai erau fideli. Citirea lor produce emoţie chiar şi acum. Pentru Akhenaton reprezenta probabil doar o altă lovitură şi ni-l putem imagina rugându-se cu înfocare pentru puterea de a merge mai departe. Curând secretarii nici nu aveau să îi mai prezinte astfel de apeluri. Acestea au fost arhivate şi au fost descoperite doar acum. Faraonul a răspuns la câteva, interesându-se aparent în privinţa stării de fapt, fără a oferi însă nicio încurajare. Lapaya, unul dinte prinţii din zona de sud, care primise un răspuns de la Akhenaton în care îi era pusă la îndoială credinţa, a răspuns la rândul său, spunând că dacă faraonul i-ar cere să-şi străpungă inima cu o sabie, ar face-o negreşit. Este un alt basm al sincerităţii orientalilor, având în vedere că în baza unor scrisori ulterioare, acelaşi prinţ pare să fi atacat oraşul Megiddo şi să fi fost omorât, în cele din urmă, în timp ce lupta împotriva trupelor fidele Egiptului.

Addudaian, regele unui oraş necunoscut din sudul Iudeei, confirmă primirea unei scrisori din partea lui Akhenaton, în care i se cere să rămână loial şi se plânge, în răspuns, cu privire la pierderea mai multor posesiuni. Dagantakala, regele unui alt oraş, îi scrie faraonului, implorându-l să-l scape de kabiri. Ninur, o regină din Iudeea care se numeşte *servitoarea* lui Akhenaton, îl imploră pe faraon să o salveze şi consemnează cucerirea unuia dintre oraşele sale de către kabiri.

Scrisorile de acest tip continuă, fiecare menţionând noi lovituri pentru Egipt şi lamentând sacrificarea multora pentru principiile unui faraon care înţelesese sensul civilizaţiei prea devreme.

VII.5 Aziru şi Rib-Hadda luptă crâncen

În acest timp, în Byblos, Rib-Hadda (regele din Byblos) rezista cu vitejie atacurilor lui Aziru şi continua să trimită scrisori lui Akhenaton, cerându-i ajutorul. Nimic n-ar fi fost mai uşor decât trimiterea câtorva sute de soldaţi în ajutorul oraşului-port sub asediu. Akhenaton refuza în continuare să trimită ajutor armat. I-a scris, totuşi, o scrisoare de mustrare lui Aziru, în care îi chema în Oraşul Orizontului pentru a-şi explica acţiunile. Aziru a răspuns prompt şi i-a scris unui prieten de-al său de la curtea lui Akhenaton, spunându-i să vorbească cu faraonul şi să rezolve situaţia.

Aziru a spus că nu putea părăsi Siria în momentul respectiv fiindcă trebuia să apere oraşul Tunip în faţa hitiţilor. Noi, totuşi, care am citit scrisoarea conducătorului oraşul Tunip, în care era cerut ajutor împotriva lui Aziru, realizăm perfidia acestui amorit care se pregătea pe atunci, fără îndoială, să cucerească oraşul Tunip. După cucerirea oraşului respectiv, îi putea spune lui Akhenaton că intervenise pentru a-l apăra de hitiţi.

Akhenaton i-a scris lui Aziru, cerându-i să reconstruiască oraşul Simyra, pe care îl distrusese. Aziru i-a răspuns, din nou, spunând că este ocupat cu apărarea intereselor Egiptului în faţa incursiunilor hitiţilor, iar ceea ce îi cerea faraonul trebuia să mai aştepte cel puţin un an. Akhenaton a trimis un alt răspuns blând, dar Aziru, temând faptul că scrisoare respectivă ar fi putut conţine ceva ce ar fi fost mai bine să nu audă, a făcut în aşa fel încât să nu o primească şi scrisoarea a fost returnată în Egipt. I-a scris, totuşi, faraonului, spunând că va avea grijă ca oraşele cucerite de el să continue plata tributului către Egipt.

Plata tributului pare să fi continuat în mod corect până în cei din urmă ani ai domniei lui Akhenaton (Momentul primirii tributului, care este reprezentat în mormântul lui Meria, v. pag. 104, sub data celui de-al doisprezecelea an de domnie, ar putea reprezenta, totuşi, un moment ulterior. În scena respectivă sunt reprezentate şase fiice şi este puţin probabil ca a şasea fiică să se fi născut înaintea celui de-l cincisprezecelea an de domnie. Data respectivă a fost, probabil, interpretată greşit sub influenţa celei furnizate în mormântul lui Huya.), deşi, probabil mult diminuat față de cuantumul obișnuit. Așa cum am observat, în Siria domnea o stare de confuzie generalizată. La fel ca în cazul luptei dintre Aziru și Ribaddi, în care amândoi declarau credință Egiptului, în haosul respectiv toată lumea pretindea credință faraonului. Tributul era plătit an de an de un număr mare de orașe și, probabil, acestă pretinsă loialitate avea să continue până în cel de-al șaptesprezecelea și cel din urmă an de domnie.

Trecând prin momente grele în Byblos, Ribaddi a întreprins o călătorie periculoasă în orașul vecin, Beirut, în încercarea de a obține întăriri. Însă, imediat cum a plecat, în Byblos a izbucnit o revoltă și Ribaddi a plătit loialitatea față de Egipt pierzând susținerea supușilor săi. Orașul Beirut s-a predat lui Aziru și Ribaddi a fost nevoit să fugă. Bătrânul rege a reușit după multe peripeții să se impună în Byblos și să organizeze apărarea.

Între timp, Aziru făcuse o vizită scurtă în Egipt pentru a-și justifica comportamentul și pentru a înțelege starea de fapt a imperiului. A reușit, cu șiretenia orientalului, să-l convingă pe Akhenaton că acțiunile sale nu reprezentau un pericol la adresa Egiptului și s-a reîntors în Liban. După ce a aflat acest lucru, Ribaddi și-a trimis fiul în Orașul Orizontului pentru a demasca trădarea lui Aziru și pentru a solicita ajutor împotriva acestuia. Concomitent, i-a trimis lui Akhenaton o relatare patetică a necazurilor sale. Patru membri ai familiei sale fuseseră luați prizonieri, frații săi conspirau împotriva sa, era apăsat de bătrânețe și boală. Îi fuseseră luate toate posesiunile, pământurile sale fuseseră devastate, orașul său se lupta cu foametea și cu celelalte privațiuni aduse de starea prelungită de asediu și nu știa cât mai putea rezista. "Zeii din Byblos," scrie acesta, "sunt mâniați pe mine și sunt extrem de nemulțumiți pentru că am păcătuit împotriva lor. De aceea nu vin în fața domnului meu, faraonul". Fusese oare, ne-am putea întreba, păcatul său acela de a fi adoptat pentru scurt timp credința lui Akhenaton? Se pare că Akhenaton nu a răspuns la această scrisoare.

VII.6 Akhenaton continuă să refuze implicarea în lupte

Mesagerii care soseau în Oraşul Orizontului pentru a aduce scrisorile în care se solicita ajutorul faraonului, erau, probabil, cuprinşi de disperare atunci când vedeau cum erau întâmpinate veştile. Soldaţii imperiului simţeau, probabil, repulsie atunci când galerele lor acostau la splendidele cheiurile sau când vedeau vilele impunătoare şi bulevardele umbroase ale oraşului. Şi erau, probabil, iritaţi de-a dreptul când se grăbeau să ajungă la palatul faraonului şi auzeau imnurile lui Akhenaton reverberând din templu. Locuitorii oraşului zâmbeau, văzându-le graba în oraşul viselor. Oficialii de la curtea faraonului amânau înmânarea scrisorilor, luând în derâdere ideea urgenţei chestiunilor din Asia şi documentele respective scrise cu sânge şi lacrimi sfârşeau în arhive, uitate de toţi, cu excepţia lui Akhenaton. În locul sunetului tobelor şi goarnelor care ar fi însoţit armata eliberatoare pe care sperau să o obţină mesagerii respectivi, în urechile acestora răsunau doar psalmodierea nesfârşită a ceremoniilor religioase şi melodiile de dragoste intonate în cadrul festivităţilor locuitorilor oraşului. Proaspăt sosiţi în urma unui drum istovitor, cu minţile chinuite de ororile războiului şi totuşi înflăcărate de ideea imperiului, priveau cu dispreţ luxul noii capitale a Egiptului şi ascultau cu dezgust poveştile despre flori gingaşe. Faraonul cu ochi trişti, spate încovoiat şi umeri lasaţi, vorbea doar despre Dumnezeul lui. Era îmbrăcat în haine simple, nu purta bijuterii şi nimic din înfăţişarea sa nu le-ar fi putut da vreo speranţă. Din oraşele asediate se auzea un strigăt disperat de ajutor care nu putea fi amuţit de cuvinte de pace, de sunetul sistrelor sau de cântecul fluierelor. Mesagerii se întrebau cine ar fi putut rezista apelului disperat „Oraşul tău plânge şi lacrimile sale se revarsă"? Cine ar fi putut sta liniştit în Oraşul Orizontului în timp ce mândrul imperiu, construit cu sângele soldaţilor viteji ai marelui Tutmes, se îndrepta spre ruină? Ce contau toată filosofia din lume şi toţi zeii din ceruri, când Egiptului îi erau smulse toate posesiunile? Frumosul Liban, regatele de la mare, Aşkelon şi Aşdod[94], Tirul şi Sidonul, Simyra şi Byblos, dealurile Ierusalimului, Kadeshul şi fluviul Orontes, Iordanul, Tunipul, Alepul, îndepărtatul Eufrat. ... Ce conta un crez pe lângă toate acestea?

Dumnezeu? Adevărul? Singurul zeu era Zeul Bătăliilor, care condusese Egiptul în Siria. Singurul adevăr era sabia, care păstrase Egiptul acolo atât de mulți ani.

Oare s-ar putea spune, privind înapoi peste aceste 32 de secole care ne despart, cine avea dreptate? Faraonul sau soldații săi? Avem, pe de o parte, cultura, rafinamentul, iubirea, gândirea, rugăciunea, înțelegerea și pacea. Pe de altă parte avem puterea, autoritatea, sănătatea, cutezanța, vitejia și lupta. Știm că teoriile lui Akhenaton erau civilizate și reprezentau idealuri. Să nu fie, oare și puțină compasiune pentru cei care rezistau în orașele din Asia? Putem aproba idealurile tânărului faraon, dar nu putem fi martorii prăbușirii imperiului său, fără a-l învinovăți de acestă nenorocire. Atunci când judecăm, totuși, când numim băiatul răspunzător de pierderea Siriei, realizăm că deasupra tribunalului nostru se găsește un judecător care detestă războiul și în ochii căruia lupta națiunilor nu este deloc de efect. De aceea, chiar și acum, Akhenaton iese din sfera criticilor noastre și reapare încă o dată eterna întrebare, care nu a primit încă răspuns.

VII.7 Starea de sănătate a lui Akhenaton se deteriorează

Probabil pentru a face impresie și-a sărbătorit jubileul, după cum aflăm din un fragment inscripționat pe o piatră care se găsește în Ashmolean Museum, Oxford. Jubileul se sărbătorea la împlinirea a 30 de ani de la desemnarea viitorului faraon. Akhenaton avea pe atunci 30 de ani și având în vedere că s-a considerat numit viitor faraon din momentul nașterii, nu a mai amânat festivitățile.

Probabil că faraonul începuse să realizeze poziția în care se găsea și putem presupune că încerca să împace prinții care creau dezordini folosind din plin arta diplomației. Nu este clar, totuși, dacă realiza inevitabilitatea catastrofei. Este vorba despre pierderea Siriei. Nu putea crede că fusese trădat de prinții țării respective și nu știa, probabil, că fusese păcălit de oameni de teapa lui Aziru. A realizat amploarea dezastrului prea târziu, doar atunci când tributul nu a mai fost plătit.

Gândurile ce i se agitau în minte îl purtau, probabil, prin întunericul depresie către disperare și ni-l putem imagina zi de zi aplecat în fața marelui altar al lui Aton și noapte de noapte fără somn în patul său regal. S-ar părea că avusese mare încredere într-un funcționar pe nume Bikhuru, care era delegatul Egiptului în Palestina și primise, probabil, vești cu privire la fuga și, ulterior, uciderea acestuia (Breasted, "Istoria Egiptului", pag. 388). I-a fost, apoi, raportată capitularea orașului Byblos și putem presupune că Ribaddi, acel soldat nobil, nu a supraviețuit căderii orașului pe care îl apărase cu atâta tenacitate. Au urmat la scurt timp veștile privind capitularea altor fortărețe egiptene importante și continuau să sosească cereri de ajutor din partea altor garnizoane mai mici, care încă rezistau.

Akhenaton avea doar 30 de ani și părea că problemele lumii întregi se adunaseră pe umerii săi. Corpul său era slăbit, chipul său purta semnele neliniștii, iar în ochii săi s-ar fi putut vedea, probabil, privirea frământată, tipică celor urmăriți de nenorocire. Probabil că boala sa cronică devenise acută și avea, probabil, momente în care se simțea în pragul nebuniei. Craniul său diform aproape exploda sub imperiul gândurilor, rod al unei minți în suferință în care conștientizarea eșecului acționa permanent ca un spin. Invocațiile lui Aton care răsunau în mintea sa se confundau cu strigătele Siriei. Își asculta corul care lăuda bucuriile vieții. Deodată, intervenind peste psalmodie, nu se auzeau, oare, vocile solemne ale strămoșilor, care îi cereau socoteală din Dealurile de Vest? Își mai putea găsi alinarea în arbori și flori? Mai putea exclama „Pace", când în mintea sa era un clocot roșu?

Stările sale din perioada respectivă au provocat, cu siguranță, mare neliniște. Comportamentul său era, fără niciun dubiu, suficient de straniu pentru a-i face chiar și pe acei nobili care îl urmaseră orbește să își piardă încrederea în conducătorul lor. În frenezia adorării lui Aton, Akhenaton ordona ca numele tuturor celorlalți zei să împărtășească soarta numelui lui Amon și să fie șterse din inscripțiile din toată țara. Acest ordin nu a fost îndeplinit pe de-a întregul, dar, în templele din Karnak, Medinet Habu[95] și în cele din alte locuri, ca să nu mai vorbim de monumentele mai puțin importante, se observă urmele dălților care au șters parțial numele lui Ptah, Hathor, etc. și cuvântul jignitor „zei".

Consternarea produsă de acestă acțiune a fost probabil foarte aproape de a porni o revoluție în provincii, acolo unde vechii zei erau încă iubiți de oameni. Ștergerea numelui lui Amon fusese, la urma urmei, un act de război la adresa unei anumite părți a preoțimii și, cu excepția orașului Teba, nu afectase prea mult alte orașe. Dar îndepărtarea numeroaselor preoțimi ale numeroșilor zei care aveau influență în Egipt, a aruncat țara întreagă în dezordine și a lovit în inimă nu unul, ci o sumedenie de orașe. Urma, oare, bătrânul și blândul meșteșugar, Ptah, să fie pur și simplu aruncat în neant, cu ciocanul și cu dalta sa cu tot? Trebuia aruncată de pe tronul sau celest Hathor, cea frumoasă și plină de grație, acea Venus a Nilului? Putea fi izgonit din viața orașului Elefantina, Khnum, olarul cu cap de țap care sălășluia în cavernele de la Cataractă? Sau șacalul misterios, Wepwat, din inimile oamenilor din Abydos? Sau crocodilul antic, Sebek, de pe navele și ogoarele din Ombos? Fiecare oraș avea zeul său local și fiecare zeu avea preoțimea sa, iar faraonul era nebun, cu siguranță, să pornească război împotriva acestor legiuni ale cerurilor. Acel Aton, pe care faraonul îi invita să-l venereze, era atât de departe, mult, mult deasupra capetelor lor. Aton nu stătea lângă foc, alături de ei, să aștepte să se facă mâncarea. Aton nu cânta la un flaut cu sunet duios, printre trestiile de la malul fluviului. Aton nu aducea daruri pruncului nou-născut, așa cum făceau zânele. Unde se găsea arborele sacru, pe ale cărui ramuri oamenii puteau spera să-l vadă așezat? Unde era vârtejul Nilului în care îi plăcea să se scalde? Unde se găseau stâncile lângă care oamenii ar fi putut așeza un vas cu lapte, o ofrandă? Oamenii își iubeau vechii zei, care aveau obiceiuri simple, inimi bune sau erau iuți la mânie, ceea ce-i făcea să fie înțeleși. Un zeu, însă, care domnea singur și izolat, care era chiar mai îndepărtat decât Iehova al evreilor, care nu călătorea pe nori și nici pe aripile vântului, nu era un zeu căruia oamenii și-ar fi putut deschide inimile. Este adevărat, răsăritul și apusul soarelui erau semnele vizibile ale divinității, dar întrebați orice țăran din Egiptul modern dacă găsește ceva emoționant în aceste două fenomene însemnate și veți realiza că gloria acelor momente nu reprezenta nimic deosebit pentru supușii de rând ai lui Akhenaton, cărora, în plus, nici nu le era permis să îngenuncheze în fața sferei arzătoare. Atunci când religia creștină a pus stăpânire pe acești țărani și le-a oferit aceeași idee a unui Dumnezeu îndepărtat, dar iubitor și atent, religia a prosperat doar prin ridicarea sfinților și diavolilor, a îngerilor și a puterilor întunericului, aproape în rândul semi-zeilor. Dar Akhenaton nu permitea modificări ale doctrinei și Sf. Gheorghe, alături de ceilalți sfinți și-ar fi văzut numele șterse.

VII.8 Ultimele zile ale lui Akhenaton și sfârșitul său

Chiar dacă problemele pe care astfel de acțiuni i le aduceau lui Akhenaton erau îngrijorătoare pentru susținătorii săi, acestea aduceau, probabil, plăcere acelor nobili pentru care prăbușirea faraonului reprezenta singura speranță a Egiptului. Horemheb, comandantul suprem al armatelor care nu mai aveau activitate, putea să înceapă să se pregătească pentru momentul în care va fi condus soldații în Siria pentru a reinstaura supremația Egiptului. Tutankhaton[96], logodnicul celei de-a treia fiice a lui Akhenaton, putea visa la ziua în care se va fi făcut faraon și în care va fi dus curtea regală înapoi, în Teba. Chiar și Meryra, Marele Preot al lui Aton, pare să-și fi lăsat gândurile să se îndepărteze de Orașul Orizontului, în care apusese soarele gloriei Egiptului, întrucât se pare că nu a folosit mormântul care fusese pregătit acolo pentru el. Amărăciunea ultimei părți a vieții lui Akhenaton trebuie să fi fost sporită și de dubiul privind sinceritatea prietenilor celor mai apropiați și de conștientizarea faptului că, în ciuda declarațiilor lor solemne, nu reușise să sădească „adevărul" în inimile lor.

Regina nu-i dăruise niciun fiu care să-i urmeze la tron și nu părea să existe nicio persoană căreia să-i fi putut transmite ultimele sale instrucțiuni. Era, fără îndoială, încă iubit de apropiații lui, dar erau puțini aceia care sperau ca religia lui, care se dovedise dezastruoasă pentru Egipt, să-i supraviețuiască. În ultimele clipe, Akhenaton s-a oprit asupra unui nobil, care este posibil să nu fi fost de sânge regal. Se pare că numele acestuia era Semenkhare[97], deşi anumite persoane l-au interpretat drept Saakara (nu este sigur dacă cel de-al doilea semn este „menkh" sau „aa", semnele respective fiind asemănătoare). Despre acesta nu se ştie nimic, dar putem presupune că Akhenaton îi considera cel mai de încredere adept al său. Akhenaton i-a transmis ultimele sale instrucţiuni, revelându-i tot ceea ce putea fi transpus în cuvinte din mintea sa în suferinţă. Mica prinţesă Merytaton, pe atunci în vârstă de 12 ani, a fost luată de la jocurile ei copilăreşti şi a fost măritată cu Semenkhare, cu multă pompă. Semenkhare devenea astfel moştenitorul legitim al tronului regal, având în vedere că Merytaton era fiica cea mai mare şi singura moştenitoare a faraonului.

În muzeul din Berlin se găseşte un mic portret al unei regine, care a fost găsit în Faiyum[91]. Portretul respectiv o reprezintă, probabil, pe Merytaton, având în vedere că nu se aseamănă cu portretele cunoscute ale reginelor Tiy şi Nefertiti şi totuşi, în baza stilului, aparţine în mod evident perioadei lui Akhenaton.

Simţindu-şi sfârşitul aproape, Akhenaton l-a luat pe Semenkhare pe tron, drept asociat, pentru a familiariza lumea cu viitorul conducător. În anii de după moartea lui Akhenaton, Semenkhare obişnuia să scrie după numele său cuvintele „preaiubit de Akhenaton", ca un indiciu al faptului că dreptul său la tron era datorat afecţiunii pe care i-o purta Akhenaton, pe lângă dreptul ce-i fusese conferit de soţia sa.

Dar ce mai conta asigurarea succesiunii la tron, când tronul respectiv fusese zguduit şi părea foarte aproape de distrugere? Akhenaton nu mai putea împiedica prăbuşirea iminentă şi din toate direcţiile se coagulau forţele care urmau să îl copleşească. Conducerea sa era haotică. Intrigile preoţilor lui Amon dădeau semne de reuşită. Mânia celorlalte ordine de preoţi ale Egiptului trona deasupra palatului ca un nor ameninţător. Soldaţii, dornici de a porni spre Siria ca în zilele marelui Tutmes al III-lea, erau iritaţi de lipsa de activitate care le fusese impusă şi urmăreau cu nelinişte în creştere distrugerea imperiului.

Mai nou, mesagerii obosiţi care veneau din Asia se grăbeau către palat pe străzile oraşului nu pentru a solicita intervenţia faraonului şi generalilor acestuia, ci pentru a anunţa pierderea ultimelor oraşe din Siria și uciderea ultimilor conducători fideli. Rămășițele împrăștiate ale garnizoanelor se reîntorceau cu greutate la Nil pe urmele mesagerilor respectivi, urmăriți chiar până la frontiera Egiptului de asiaticii triumfători. Hitiții se revărsau în Siria de la nord, kabirii, de la sud. În timp ce coboară cortina peste scena clocotitoare, parcă îl zărim pe Aziru cel viclean, cu mâinile încă pătate de sângele lui Ribaddi și al multor alți prinți loiali Egiptului, în timp ce înhață un oraș și zdrobește un altul. Și-a aruncat, în cele din urmă, masca și cu tributul pe care îl promisese Egiptului, a calmat fără îndoială nesațul hitiților, singurii stăpâni pe care îi mai știa.

După ce tributul a încetat să mai sosească, vistieriile Egiptului au rămas goale. Conducerea Egiptului era tulburată. Nu putea organiza colectarea taxelor în chip adecvat și nu putea organiza exploatarea minelor de aur. Se cheltuise foarte mult cu ridicarea Orașului Orizontului, iar faraonul nu mai știa de unde să obțină bani. Egiptul trecuse în doar câțiva ani de la putere mondială, la stat mărunt, de la cea mai bogată țară de pe fața pământului, la condiția umilitoare de regat falit.

Ni-l putem imagina pe Akhenaton în orele sale de pe urmă, demoralizat, cu ochii adânciți în orbite și ațintiți, realizând eșecul tuturor speranțelor sale. Sacrificase Siria principiilor sale, dar sacrificiul fusese inutil, din moment ce doctrina sa nu prinsese în Egipt. Realiza în momentele respective că religia Aton-ului nu avea să trăiască mai mult decât el, că vestea iubirii lui Dumnezeu pentru om nu avea să fie împărtășită lumii. Chiar și atunci psalmii lui Aton îi răsunau în urechi, imnurile Dumnezeului care îl abandonase ajungeau în palatul său însoțite de parfumul florilor, iar păsărelele pe care le îndrăgea cântau cu veselie în grădinile luxuriante, cum cântaseră și atunci când inspiraseră un vers din poemul faraonului. Peste el, însă, se coborâse opacitatea disperării. Întunecimea morții se strângea în jurul său. Era măcinat de durerea pricinuită de eșec. Parcă i-ar fi stat deasupra chiar munții de la vest. Apăsarea tuturor lucrurilor pe care era conștient că le pierduse era prea mult pentru corpul său slăbit.

Istoria consemnează doar că Akhenaton a murit odată cu căderea imperiului său. Medicii care au examinat trupul faraonului, au stabilit atacul cerebral drept cauza posibilă a morţii. În imaginaţie, însă, pare să răsune peste ani un strigăt disperat şi ne putem închipui că acest „copil frumos al lui Aton", bolnav şi slăbit, s-a prăbuşit pe pardoseala pictată a palatului şi a rămas întins acolo, între maci şi fluturi minunaţi.

VIII. Declinul religiei lui Akhenaton

"Astfel a dispărut personalitatea cea mai de seamă a lumii orientale timpurii. ... S-a dus, odată cu Akhenaton, un spirit cum lumea nu mai văzuse." Breasted, *"Istoria Egiptului"*.

VIII.1 Înmormântarea lui Akhenaton

Trupul neînsufleţit al lui Akhenaton a fost îmbălsămat în oraşul său. În timp ce rămăşiţele pământeşti ale acestui mare idealist treceau prin procesul de durată al mumificării, Semenkhare, noul faraon, încerca în mod şovăielnic să păstreze viu spiritul predecesorului său în noul regim. Nu se cunoaşte practic nimic despre acest regim de scurtă durată, dar în baza evenimentelor ce aveau să urmeze este clar că nu a reuşit să continue strădania lui Akhenaton. Durata scurtă a acestui regim a fost marcată de tendinţa generală de abandonare a religiei lui Aton. Semenkhare a situat începutul domniei sale în momentul în care fusese invitat de Akhenaton să se asocieze la tron. Nu există inscripţii care să consemneze evenimente din cadrul primului an de domnie, dar avem informaţii în ceea ce-l priveşte pe cel de-al doilea. Evenimentul principal avea să se petreacă la aproximativ 3 luni de la începerea perioadei în care a domnit singur, atunci când trupul neînsufleţit al lui Akhenaton a fost purtat în mod solemn pe străzile oraşului şi prin deşert, către mormântul care fusese construit pentru el între stânci.

Mumia a fost înfăşurată cu fâşii interminabile de pânză, aşa cum stabilea tradiţia. La gâtul regal a fost pus un colier de aur, iar peste faţă şi piept a fost aşezat un ornament acoperit cu foiţă de aur, care reprezenta un vultur cu aripile întinse, simbolul faraonic al protecţiei divine. Peste mumii fuseseră aşezaţi vulturi asemănători cu ocazia multor înmormântări din dinastia sa. În mormintele lui Sennefer[98], Horemheb şi în altele din Teba, se găsesc reprezentări care înfăţişează decoraţiuni similare. Este surprinzător faptul că trupul lui Akhenaton, care se împotrivise cu înverşunare vechilor obiceiuri, poartă acest talisman regal.

S-ar părea că unele dintre regulile stricte din cultul lui Aton fuseseră deja relaxate de succesorul său. Din ce se poate observa în reliefurile şi în picturile perioadei sale, Akhenaton a păstrat foarte puţine din vechile simboluri religioase. Printre acestea se numără şarpele simbolic, Cobra, sfinxul şi şoimul, care erau folosite adesea ca ornamente. Ar putea fi întrebat dacă renunţase într-adevăr la vultur. Este adevărat că a interzis hieroglifa-vultur din toate inscripţiile, aşa cum am observat şi în cazul inscripţiilor de pe partea exterioară a raclei reginei Tiy (v. pag. 111), dar a făcut acest lucru pentru că hieroglifa respectivă evoca numele zeiţei Mut, care nu era acceptată din moment ce era consoarta lui Amon. Cu toate acestea, vulturul care a fost aşezat pe mumie nu avea nicio legătură cu Mut şi nici nu prezenta asemănări cu hieroglifa respectivă. La început fusese o reprezentare a geniului conducător al Egiptului de Sus asemănătoare şoimului, care simboliza şi puterea Egiptului de Jos. Este adevărat că se obişnuia ca faraonii să fie reprezentaţi, sculptural şi pictural, însoţiţi de vulturi care planau deasupra lor în semn de protecţie şi că Akhenaton pare să fi renunţat la acest simbol. Acest lucru pare să se fi întâmplat pentru că discul solar şi razele solare, care îl simbolizau pe Aton, le-au luat locul deasupra figurii regale. Nu există niciun motiv, până la urmă, pentru a presupune că forma de vultur fusese complet interzisă, din moment ce şoimul fusese păstrat (Se pare că a fost păstrat şi scarabeul, un alt simbol al vremurilor mai vechi, având în vedere că se spune că în mormântul lui Akhenaton a fost găsit un scarabeu în formă de inimă, confecţionat din aur. Petrie, "Istoria Egiptului", II, pag. 220.) şi, după cum vom vedea în cele ce urmează, chiar dacă ne-am putea gândi că a fost aşezat pe mumia lui Akhenaton la sugestia succesorului său, nimic nu arată că însuşi Akhenaton nu a dorit acest lucru.

Peste fâşiile de pânză în care era înfăşurat trupul au fost petrecute panglici din foiţă de aur, probabil în jurul umerilor, mijlocului şi genunchilor, care au fost unite cu alte panglici aşezate longitudinal, peste partea din faţă şi spatele mumiei. Pe aceste panglici fuseseră inscripţionate numele şi titlurile lui Akhenaton, marcând pentru vecie identitatea mumiei pe care se găseau. Finanţarea necesară a fost asigurată într-un fel sau altul şi trupul a fost învelit în foi de aur pur, suficient de subțiri pentru a fi flexibile și a fost așezat într-un sicriu strălucitor. Sicriul are forma obișnuită a siluetei umane întinse, este încrustat cu pietre rare și bucăți de sticlă colorată, are partea frontală sculptată în lemn și acoperită cu foiță de aur. În partea din față sunt încrustate niște hieroglife, care formează o inscripție simplă dispusă longitudinal. Inscripția sună în felul următor: "Frumosul Prinț, Alesul lui Ra, Faraonul Egiptului de Sus și al Egiptului de Jos, Cel ce trăiește în Adevăr, Domnul celor două Pământuri, Akhenaton, frumosul fiu al lui Aton cel viu, al cărui nume va dăinui de-a pururea". Această inscripție prezintă o particularitate bizară. Atunci când a fost construită capela în care a fost depus sicriul mamei sale, undeva în jurul celui de-al doisprezecelea an de domnie, Akhenaton a fost atent să nu folosească hieroglifa care o reprezenta pe zeița Maat atunci când era reprezentat cuvântul *maat*, "adevăr". Acest semn este folosit, însă, pe sicriul său, ceea ce ne face să presupunem că sicriul fusese realizat cu mai mulți ani înaintea morții sale. Prezența unei forme timpurii a numelui lui Aton pe un ornament atașat unui colier și pe o foiță de aur găsită pe mumie indică faptul că și aceste obiecte fuseseră făcute în perioada de mijloc a domniei.

În sicriu, în zona picioarelor a fost gravată o rugăciune scurtă în care faraonul i se adresează lui Aton. După cum vom observa imediat, este, probabil, o compoziție care îi aparține.

Mumia regală a fost purtată la mormântul său și a fost depusă acolo, alături de mobila funerară și de ofrandele obișnuite. Nu lipsesc cele patru vase funerare de alabastru care ocupau mereu un loc de frunte în cadrul înmormântărilor egiptene. Pe capacul fiecărui vas se găsește câte o sculptură fină, reprezentând capul lui Akhenaton care poartă peruca masculină tipică pentru perioada respectivă și are pe frunte cobra regală. Aceste capete sculptate par să fi fost realizate în prima parte a domniei lui Akhenaton, dacă avem în vedere stilul artistic. Putem presupune că fuseseră făcute cu mulți ani înaintea morții lui doar pentru a fi pregătite în eventualitatea în care ar fi fost necesare. Fiecare faraon își construia mormântul în timpul vieții și nu avem motive să presupunem că sicriul și celelalte elemente funerare nu erau pregătite, la rândul lor, din timp.

VIII.2 Curtea regală se reîntoarce în Teba

Pentru un timp curtea regală a rămas fidelă memoriei lui Akhenaton și a fost recunoscut dreptul la tron al lui Semenkhare în baza faptului că era „preaiubitul lui Akhenaton" și soțul lui Merytaton, fiica cea mare a lui Akhenaton. Săpăturile arheologice efectuate recent de Societatea de Explorare a Egiptului au arătat că în unul din templele mai mici ale orașului, numele reginei moștenitoare Nefertiti fusese șters în unele locuri și fusese înlocuit cu numele lui Merytaton, cu toate că numele lui Akhenaton nu suferise nicio modificare. Aceasta sugerează faptul că Semenkhare începea să o ignore pe Nefertiti și o împingea în prim plan pe Merytaton, consoarta sa și fiica lui Akhenaton, în linie cu bazele pretenției sale la tron prezentate mai sus. Istoria nu ne spune ce s-a întâmplat cu Nefertiti, dar având în vedere că nu se mai aude nimic despre ea, este de presupus că a murit la scurt timp după soțul ei. Este posibil ca săpăturile întreprinse de Societatea de Explorare a Egiptului să ne mai furnizeze unele detalii cu privire la sfârșitul ei, care s-ar părea că a fost unul foarte trist.

Semenkhare a murit sau a fost detronat la aproximativ un an de la moartea lui Akhenaton. A fost urmat la tron de un alt nobil, Tutankhaton (probabil că acesta poate fi identificat cu Tutu, un nobil bine-cunoscut din perioada respectivă, iar terminația *ankhaton*, "Care trăiește în Aton", au fost adăugată pentru a conferi prestanță numelui), care s-a căsătorit cu Ankhsenpaaton, cea de-a treia fiică a lui Akhenaton, o fată în vârstă de doar 12 ani. Așadar, consoarta lui Semenkhare, Merytaton, a devenit regină moștenitoare la vârsta de aproximativ 13 ani și locul acesteia pe tron a fost luat de surioara ei.

În perioada respectivă, preoții lui Amon începuseră să își recapete prestigiul și începuseră să uneltească prăbușirea lui Aton cu forțe proaspete. Presiunile asupra lui Tutankhamon aveau să înceapă curând și după aproximativ un an de domnie, acesta a fost convins să părăsească Orașul Orizontului și să se reîntoarce în Teba. Nu abandonase complet religia lui Aton. Încerca o cale de mijloc între cele două facțiuni, autorizând atât cultul lui Aton, cât și pe cel al lui Amon. Horemheb, comandantul suprem al armatei inactive, era, se pare, unul dintre conducătorii mişcării reacţionare. Nu îl preocupa prea tare de aspectul religios al problemei: ambele părţi aveau multe argumente. A făcut, însă, Egiptul să conştientizeze pericolul care venea din Asia. Nu avea nicio reţinere în privinţa războiului şi s-ar putea spune că prefera calea sabiei. A fost pregătită o expediţie militară şi faraonul a fost convins să o conducă. Aflăm că Horemheb a fost „tovarăşul Domnului său, pe câmpul de luptă, în ziua în care au fost ucişi asiaticii" (v. pag. 51). Acestă inscripţie se găseşte pe montanţii uşii mormântului lui Horemheb, care au fost terminaţi mai târziu decât restul mormântului din pricina înmulţirii titlurilor, probabil în timpul domniei lui Tutankhaton. A fost găsit un fragment dintr-o foiţă de aur pe care faraonul este reprezentat în carul său de luptă în timp ce atacă inamicii asiatici. Scriitorul dumneavoastră a găsit o parte a capelei sale în deşert, pe drumul către minele de aur. (Vedeţi „Călătorii în deşerturile Egiptului de sus", Blackwood). Akhenaton visase la pacea universală, care rămâne încă o perspectivă îndepărtată a omenirii. Dar Horemheb era un om practic, pentru care visul respectiv (care-i dădea atâta forţă lui Akhenaton) reprezenta doar slăbiciune.

Noul faraon şi-a schimbat numele din Tutankhaton în Tutankhamon şi s-a reîntors în Teba în sunetul marşurilor de război.

Abandonarea Oraşului Orizontului pare să fi avut loc în grabă şi este de presupus că evenimentele luaseră o turnură care dădea partidului reacţionar puterea de a cere o evacuare imediată a oraşului lui Akhenaton. Săpăturile arheologice efectuate de *Societatea de Explorare a Egiptului* au scos la lumină oasele câinilor lui Akhenaton, care se găseau în adăpostul regal pentru animale, ca şi cum ar fi fost lăsaţi acolo să moară de foame atunci când curtea regală s-a mutat. În staulele de la ferma faraonului au fost găsiţi şi boi morţi, care par să fi fost abandonaţi. Oraşul arată ca şi cum ar fi fost abandonat brusc. Palatele şi vilele au devenit reşedinţele şacalilor şi bufniţelor, iar templele au fost parţial demolate din nevoia de piatră pentru alte construcţii. Nisipul a acoperit repede ruinele, iar excavaţiile din prezent scot la lumină case şi grădini foarte bine conservate.

Chiar dacă optica noului faraon era total diferită față de cea a lui Akhenaton, acesta nu a putut lăsa trupul regal în zona care nu mai reprezenta decât ruina speranțelor faraonului idealist. În plus, Akhenaton era socrul lui Tutankhamon, iar dreptul acestuia la tron se datora fiicei lui Akhenaton. Memoria lui Akhenaton era sfântă pentru mulți discipoli de-ai acestuia și nu se punea problema abandonării trupului neînsuflețit în orașul părăsit. Sicriul care conținea mumia a fost transportat la Teba, alături de cele patru vase canopice și a fost depus în mormântul reginei Tiy, care a fost redeschis în acest scop.

Tutankhamon a redeschis templul lui Amon din Karnak și a refăcut ceea ce ștersese Akhenaton din reprezentările lui Amon. O inscripție din timpul domniei sale menționează faptul că a redeschis templele tuturor zeilor și zeițelor de la un capăt la celălalt al țării. Stilul artistic al noului faraon era marcat de stilul din perioada lui Akhenaton, față de care prezenta doar modificări minore. Nu a domnit suficient de mult pentru a începe să dea dovadă de originalitate și a dispărut după câțiva ani aproape fără ca cineva să bage de seamă. În continuare s-a dorit probabil invitarea lui Horemheb la tron, dar se mai găsea un candidat potențial. Este vorba despre Ay, socrul lui Akhenaton și tatăl reginei Nefertiti. Acesta fusese unul dintre cei mai importanți nobili din Orașul Orizontului și rămăsese singurul membru de sex masculin din familia lui Akhenaton. Fusese cel mai important susținător al faraonului predicator și al doctrinei acestuia. Cea mai importantă titulatură era pentru el aceea de „Socru al Faraonului".

Viața religioasă era agitată în acele momente. Se purta o luptă între tabăra lui Amon și cea a lui Aton, iar Ay era probabil privit drept omul cel mai potrivit pentru realizarea unei legături între cele două facțiuni. Fusese unul dintre favoriții lui Akhenaton, arăta toleranță din toate punctele de vedere mișcării religioase instituite de acesta și nu era împotriva cultului lui Amon. Ay a reușit să împace părțile implicate și a obținut tronul. Totuși, perioada în care a domnit nu a fost lungă. Preoții lui Amon au recâștigat încrederea oamenilor în defavoarea celor care îl venerau pe Aton, iar prestigiul lui Ay a intrat în declin. A avut grijă să menționeze în inscripții vechea sa legătură cu Akhenaton chiar atunci când devenise faraon, dar acest lucru a acționat împotriva sa. Ay a dispărut la fel ca predecesorii săi, la aproximativ 10 ani de la moartea lui Akhenaton.

VIII.3 Domnia lui Horemheb

Nu mai era niciun dubiu în privința succesorului. Toți se gândeau la Horemheb, care avea oricum aproape la fel de multă putere ca faraonul. Comandantul suprem al forțelor armate a urcat imediat la tron și a fost întâmpinat cu bucurie de supuși. În acel timp trăia în Teba prințesa Nezemmut, sora reginei Nefertiti (este prezentată drept sora reginei Nefertiti în mormântul lui Ay din Tel el Amarna) și fiica faraonului Ay. Nezemmut fusese probabil măritată cu un nobil egiptean, era văduvă și primise funcția de „Consoartă Divină" (Mare Preoteasă) a lui Amon. Având în vedere că era sora mai mică a lui Nefertiti, avea probabil 6 sau 7 ani, atunci când Nefertiti fusese măritată cu Akhenaton. Avea, prin urmare, aproximativ 23 de ani la moartea lui și puțin peste 30 de ani, în momentul la care ne referim.

Pentru a conferi legitimitate ascensiunii la tron, Horemheb a fost căsătorit imediat cu această prințesă, care era fiica și moștenitoarea ultimului faraon (Ay), reprezenta preoții lui Amon și nu avea legături de sânge cu Akhenaton (care deveniseră reprobabile și le excludeau pe oricare dintre fiicele acestuia care ar mai fi fost în viață). Religia lui Aton dispărea cu repeziciune. Într-un mormânt care datează din cel de-al treilea an al domniei lui Horemheb, se găsesc cuvintele „Ra al cărui trup este Aton", dar este vorba despre ultima menționare a lui Aton, iar după acel moment supremația lui Amon-Ra nu mai poate fi pusă la îndoială. Un anume Paatonemheb, care fusese unul dintre favoriții lui Akhenaton, a fost pe atunci numit Mare Preot al lui Ra-Horakhti din Heliopolis și astfel au fost șterse ultimele urme ale religiei lui Aton, care a fost absorbită de teologia din Heliopolis (din care izvorâse).

În întreg Egiptul, în lăcașurile de cult ale vechilor zei cărora nu li se mai acordase atenție o perioadă, răsunau din nou psalmodiile preoților. Aflăm din inscripții că Horemheb „a redeschis templele din delta Nilului, până în Nubia. A înfrumuseţat sute de reprezentări... cu nestemate splendide. A stabilit să se depună ofrande în fiecare zi. Templele aveau numai vase din aur şi argint. În templele respective au fost numiţi mulţi preoţi şi au fost stabilite corpuri militare de gardă. Templelor le-au fost transferate pământuri, vite şi toate înzestrările necesare". Prin toate aceste daruri făcute vechilor zei Horemheb încerca să readucă Egiptul în starea obişnuită. Conducea ţara cu mână forte de la haos, la ordine, de la o utopie, la Egiptul puternic de altădată. Era apostolul Normalităţii.

Şi-a condus armatele în Sudan şi s-a reîntors însoţit de un şir lung de căpetenii rebele înlănţuite. Nu avea regretele lui Akhenaton în privinţa suferinţei umane şi se observă că prizonierii respectivii fuseseră legaţi în modul cel mai crud cu putinţă. A instituit legi aspre şi şi-a condus regatul cu echitate. Ştiind că Siria nu putea rămâne liniştită mult timp, a organizat trupele egiptene. Acest lucru avea să permită faraonului în funcţie, la câţiva ani după moartea lui Horemheb, să împânzească încă o dată pământurile pe care le pierduse Akhenaton.

VIII.4 Întinarea memoriei lui Akhenaton

Preoţii lui Amon-Ra începuseră să-l condamne public pe Akhenaton, numindu-l păcătos şi eretic. Rescriau numele zeului lor în toate locurile din care fusese şters. Eliminau sistematic numele şi imaginea lui Akhenaton. Au demolat imediat templul lui Aton din Karnak şi au folosit blocurile de piatră pentru a construi piloni pentru Amon Ra. Curând a fost simţit că trupul lui Akhenaton nu mai poate sta alături de cel al reginei Tiy, în Valea Regilor. Mormântul a fost deschis, numele lui Akhenaton a fost şters din toate inscripţiile şi reprezentarea sa a fost eliminată din scenele de pe sarcofagul reginei Tiy. Mumia a fost scoasă din sicriu şi numele regal a fost eliminat de pe panglicile de aur care o înconjurau. După aceea mumia a fost pusă înapoi în sicriu, iar numele i-a fost şters şi de acolo.

Ar putea fi întrebat de ce trupul nu a fost făcut bucăţi şi împrăştiat în cele patru zări, din moment ce faraonul ajunsese să fie urât atât de tare. Egiptenii acordau un respect deosebit trupurilor morților lor și ar fi constituit un sacrilegiu chiar și distrugerea mumiei acestui eretic. Nici nu se punea problema distrugerii unui trup care fusese uns faraon de divinitate. Așa ceva ar fi fost contrar voinței tuturor egiptenilor. Eliminarea numelui de pe mumie constituia o pedeapsă suficientă, pentru că sufletul faraonului nu mai beneficia de rugăciunile urmașilor săi și devenea un proscris anonim, care urma să rătăcească pe lumea cealaltă nerecunoscut și fără a se bucura compasiunea cuiva. Numele „Akhenaton" era urât foarte tare și putem presupune că preoții ar fi acceptat să înlocuiască numele de pe mumie cu Amenofis, numele anterior al faraonului, dacă ar fi fost nevoiți. Numele Amenofis al IV-lea și reprezentările sale în această calitate nu au fost șterse de pe monumente. Au fost îndepărtate doar reprezentările sale după ce luase numele Akhenaton.

Mormântul, care fusese întinat de prezența unui eretic, nu mai era un loc demn pentru odihna reginei Tiy. De aceea trupul acesteia a fost mutat în altă parte, probabil în mormântul soțului său, Amenofis al III-lea. Capela în care odihnea mumia ei a fost făcută bucăți și a fost încercată transportarea acestora în noul loc de odihnă veșnică, dar s-a renunțat imediat la această muncă dificilă. O parte a capelei a fost lăsată pe coridor, iar celelalte au rămas împrăștiate în camera mortuară. Au fost lăsate probabil din greșeală și unele din obiectele de toaletă cu care regina fusese îngropată. Mumia lui Akhenaton, de pe care fusese eliminat numele acestuia, rămăsese singură în mormântul respectiv. Sicriul în care odihnea se găsea pe un catafalc cu 4 picioare, ridicat la aproximativ 50 de centimetri de pământ. Într-o nișă din perete situată deasupra sicriului se găseau cele 4 vase canopice. Și așa, cu un blestem, preoții s-au despărțit de marele lor dușman. Înainte de a ieși din camera mortuară, unul dintre ei a smuls foița de aur de pe efigia care se găsea pe capacul sicriului și a luat-o cu el, ascunsă, fără îndoială, sub sutană. Intrarea în mormânt a fost astupată cu pietre și i-a fost aplicat sigiliul necropolei. Toate urmele zonei de acces au fost ascunse sub pietre și sfărâmături.

Preoții nu mai permiteau menționarea numelui lui Akhenaton, iar înaintea încheierii domniei lui Horemheb, nefericitul băiat este numit

„acel criminal" în documentele oficiale. Nu aveau să treacă nici măcar 40 de ani de la moartea lui Akhenaton și preoțimea lui Amon era din nou la fel de puternică cum fusese întotdeauna în cursul istoriei sale. Încă mai trăiau unii contemporani de-ai lui Akhenaton care îi înțeleseseră doctrina, dar ochii care priviseră odată splendidul Oraș al Orizontului ar fi stârnit mai nou creaturile deșertului prin palatele în ruină în care prezidase cu aer grav băiatul-faraon. Oamenii respectivi și-au unit vocile cu mulțimea preoților care, neîndrăznind să lase cuvântul Akhenaton să li se înfiripe pe buze, revărsau blesteme asupra „criminalului" excomunicat și anonim. Blestemele lor traversau spațiul înstelat în căutarea bietului suflet al băiatului și-l afuriseau, credeau ei, chiar și în întunecimea nedeterminată de pe tărâmul morții. Sus, pe scara lunii, peste dealurile de la vest și jos, în cavernele lumii de dincolo, biata umbră tremurândă era hăituită de afuriseniile neabătute ale celor pe care încercase să-i îndrepte. Pe pământ nu mai rămăsese niciun loc pentru comemorarea lui, iar pe lumea cealaltă preoții nu-i dădeau nici măcar o piatră pe care să pună capul. Acum nu este ușor de înțeles semnificația deplină a excomunicării unui suflet pentru egipteni. Izolat de alinarea rugăciunilor oamenilor, înfometat, părăsit, nefericit, constrâns să se vaite la marginea satelor, să suspine pe grămezi de murdărie, să caute cu degete iluzorii prin gunoaie pe niște străzi abjecte puțină mâncare stricată care să-i aline foamea chinuitoare cauzată de lipsa ofrandelor funerare. Aceasta este soarta jalnică la care preoțimea lui Amon l-a condamnat pe „primul individ din istorie". Un proscris printre proscriși, o umbră care se tânguie într-un tărâm al umbrelor. Astfel ne-au despărțit oamenii din Teba de marele idealist, osândindu-l la ororile unei existențe fără sfârșit, la chinurile unei morți care nu aduce împăcare.

VIII.5 Descoperirea trupului lui Akhenaton

Așa odihnea mumia anonimă, învelită în aur, iar valurile destinului ridicau și coborau Egiptul o dată cu trecerea secolelor. S-a ridicat un învățător mai mare decât Akhenaton și a predicat pacea pe care o vestise faraonul, iar noua evanghelie a răsunat în întreg Egiptul. A urmat religia lui Mohammed și reîntoarcerea zilelor sabiei. Anii au trecut, mulți oameni înțelepți au trăit și au dispărut, dar primul înțelept din istorie odihnea într-un loc necunoscut, undeva, în dealurile Tebei.

În stânca în care îi fusese tăiat mormântul se găsea o fisură prin care pătrundea umezeală în timpul fiecărui anotimp ploios. Prezența umezelii a degradat treptat picioarele catafalcului. Timpul a trecut și picioarele din partea din față a catafalcului au cedat, iar trupul regal a căzut pe sol. Bandajele în care era înfășurată mumia erau deja pulbere, iar șocul produs de cădere a trimis vulturul de aur care fusese așezat pe pieptul faraonului, pe fruntea acestuia, unde s-a oprit, cu coada și ghearele peste orbita stângă. Celelalte două picioare ale catafalcului au cedat și ele. Sicriul a ajuns la sol și capacul s-a mișcat, lăsând să se vadă într-o parte craniul faraonului, iar în cealaltă, picioarele.

În Ianuarie 1907, excavațiile întreprinse în Valea Regilor de dl. Theodore Davis, din New Port, Rhode Island, S.U.A. și supervizate de scriitorul dumneavoastră în calitate de reprezentant al statului egiptean, au scos la lumină intrarea în mormânt. La scurt timp, mormântul a fost deschis. Un șir de trepte tăiate în piatră i-a condus pe cei care executau săpăturile jos, în coasta dealului, până la intrarea într-un coridor. Coridorul fusese zidit de preoții care intraseră în mormânt pentru a șterge numele lui Akhenaton. Dincolo de zid, coridorul era aproape astupat de sfărâmăturile celor trei ziduri precedente. Primul zid fusese făcut după înmormântarea reginei Tiy, cel de-al doilea, după ce oamenii lui Akhenaton intraseră în mormânt pentru a șterge numele lui Amon și cel de-al treilea, atunci când trupul lui Akhenaton fusese depus lângă cel al mamei sale. Peste grămada de pietre se găseau părțile din capela reginei pe care preoții încercaseră să le scoată atunci când îi fusese mutată mumia. În camera mortuară a fost găsit restul capelei, pe care Akhenaton este reprezentat alături de mama sa, ambii în închinare sub razele lui Aton. În inscripții se observă ștergerea numelui lui Amenofis al III-lea și înlocuirea acestuia cu cel de-al doilea nume al faraonului, Nabmaara, care este scris cu cerneală roșie. Se observă că atât numele, cât și reprezentările lui Akhenaton au fost șterse ulterior.

Sicriul lui Akhenaton zăcea acolo unde căzuse de pe catafalc. Numele lui Akhenaton fusese șters de pe sicriu, dar era încă lizibil. Panglicile de aur de pe care fusese decupat numele lui se găseau încă în jurul mumiei. Vulturul de aur se găsea în poziția descrisă mai sus, colierul încă se găsea pe piept, iar rămășițele trupului erau învelite în foaie de aur. Vasele canopice se găseau într-o nișă situată deasupra sicriului. Într-o altă parte a mormântului se găseau obiectele de toaletă ale reginei Tiy. De pe unul din obiectele respective fusese șters numele lui Amenofis al III-lea.

Sicriul era în stare avansată de descompunere, fapt care impunea cea mai mare grijă în manipularea sa. Timp de mai multe luni s-a lucrat la refacerea sa și apoi a fost expus în muzeul din Cairo. În urma operațiunilor de recondiționare a putut fi citită inscripția gravată în aur, situată în zona picioarelor (v. pag. 151). Aceasta s-a dovedit a fi o scurtă rugăciune adresată de faraon Dumnezeului său, pe care suntem îndreptățiți să presupunem că o compusese Akhenaton însuși, ca un fel de epitaf. Inscripția a fost adăugată sicriului mai târziu, în comparație cu inscripțiile principale. Traducerea realizată de dr. Alan Gardiner este publicată aici pentru întâia oară.

„*Respir dulcele suflu ce iese din gura Ta. Admir frumusețea Ta în fiecare zi. Năzuința mea este să-ți aud dulcele glas, vântul de Nord, iar trupul să-mi fie reîntremat prin iubirea către Tine. Întinde-mi mâinile Tale, înzestrate cu-al Tău spirit, ca să-l primesc și să trăiesc prin El. Voi răspunde etern, numele de-mi vei rosti.*"

Este evident patosul acestor cuvinte adresate de tânărul faraon zeului căruia îi sacrificase totul. Este evident că la sfârșit, atunci când nenorocirea i se arăta din toate părțile, credința sa rămăsese de neclintit și că, deși moartea corpului era apropiată, credea în eternitatea spiritului și credea că își va putea servi Creatorul pentru totdeauna cu iubire și loialitate.

Mumia, din care se mai păstrau doar oasele, a fost trimisă de scriitorul dumneavoastră la muzeul din Cairo pentru a fi examinată de dl. profesor Elliot Smith. Acesta a stabilit că osemintele respective erau cele ale unui bărbat în vârstă de cel mult 30 de ani. Aceasta este vârsta la care a fost arătat că a murit Akhenaton și în cursul acestor pagini. În baza aceluiaşi raport, craniul deformat era acela al unui bărbat care suferea de crize epileptice şi, probabil, de halucinaţii. Oricât de curios ar părea, particularităţile acestui craniu sunt exact acelea pe care Lambroso[99] le consideră obişnuite în cazul reformatorilor religioşi.

Încheiere

Trupul personalității celei mai remarcabile a istoriei orientale timpurii a fost scos la lumină. Putem încheia aici această schiță a vieții sale, care a fost realizată pentru a prezenta cititorului obișnuit unul dintre cele mai interesante personaje pe care le-a cunoscut istoria umană. În cadrul acestei lucrări au fost prezentate doar caracteristicile principale care se regăsesc în puținele inscripții și monumente care se mai păstrează. Cititorul va realiza anvergura personalității din fața sa, vigoarea surprinzătoare, originalitatea uimitoare și faptul că aceasta merită un studiu atent. Într-o epocă a superstițiilor și pe un pământ stăpânit de politeismul deplin, Akhenaton a dezvoltat o religie monoteistă, subordonată în puritatea tonului doar Creștinismului. A fost primul om care a înțeles semnificația divinității. Pe când în lume răsuna zgomotul luptelor, a predicat prima doctrină cunoscută a păcii. Atunci când gloria marțială umfla inimile supușilor săi, s-a opus cu tot dinadinsul faptelor de vitejie. A fost primul om care a predicat simplitatea, onestitatea și sinceritatea. Și a făcut-o de la înălțimea tronului regal. A fost primul faraon umanitarist, primul om în a cărui inimă nu exista nicio urmă de barbarism. A instituit, în urmă cu mai bine de 3000 de ani, un exemplu demn de urmat și astăzi, un exemplu a ceea ce un soț și un tată ar trebui să fie, a ceea ce un om onest ar trebui să facă, un poet să simtă, un predicator să transmită, un artist să năzuiască, un om de știință să creadă, un filosof să reflecte. Asemenea altor mari învățători, a sacrificat totul principiilor sale, dar vai!, viața sa ilustrează cu claritate inaplicabilitatea doctrinelor sale. Nu încape, totuși, nicio îndoială că idealurile sale vor rezista „până când lebăda se va face neagră și corbul, alb, până când dealurile se vor ridica și se vor pune în mișcare, până când mările adânci se vor vărsa în râuri".

Este de așteptat ca săpăturile arheologice întreprinse de Societatea de Explorare a Egiptului în situl orașului lui Akhenaton să clarifice multe elemente din cadrul acelei perioade istorice uimitoare și putem spera că persoanele al căror interes în privința acestei tragedii antice (pentru că este vorba despre o tragedie) a fost trezit de aceste pagini vor oferi ajutor financiar, chiar şi unul neînsemnat, pentru continuarea acestor lucrări, astfel încât într-o bună zi povestea să poată fi spusă cu o mai mare acurateţe şi cu mai multe detalii faţă de paginile de mai înainte.

SFÂRŞIT

Notele traducătorului

1. Akhenaton a fost un faraon din cea de-a XVIII-a Dinastie a Egiptului (1353-1336 î.Hr.). A înlocuit religia politeistă a Egiptului cu un sistem monoteist, ridicându-l pe Aton (zeul discului solar) la rangul de zeu unic al Egiptului. În cadrul acestei reforme, a construit un oraș nou unde a mutat capitala regatului. După moartea sa, Tutankhamon a restaurat vechiul cult politeist, iar memoria faraonului rebel a fost eliminată sistematic.
2. Egypt Exploration Society (EES) a fost fondată în 1882 de Amelia Edwards și Reginald Stuart Poole pentru a întreprinde excavații arheologice în situri din Egipt și Sudan. În ziua de astăzi, EES continuă să publice Jurnalul de Arheologie Egipteană, care prezintă descoperirile arheologice ale societății. EES publică de două ori pe an și un buletin informativ, intitulat „Arheologie Egipteană". Din 1969, EES are sediul în Doughty Mews, Londra.
3. El Amarna reprezintă un sit arheologic constituit pe ruinele noii capitale construite de Akhenaton și abandonată la scurt timp după moartea sa. Numele folosit în antichitate era Aketaton – „Orizontul lui Aton". Se găsește pe malul de est al Nilului, la 312 km de Cairo și 402 km de Luxor (Teba).
4. Tutmes al IV-lea a fost fiul lui Amenhotep al II-lea („Amon este mulțumit", cel de-al șaptelea faraon al celei de-a XVIII-a dinastii a Egiptului, fiul lui Tutmes al III-lea) și al Tiei, o consoartă secundară a acestuia care a devenit Marea Consoartă Regală și Consoarta Zeului după ce fiul său a urcat la tron (fără a fi succesorul desemnat de către Amenhotep al II-lea; unii cercetători consideră că acesta si-a înlăturat fratele mai mare în acest scop și a comandat realizarea Stelei Sfinxului pentru a justifica urcarea sa la tron).
5. Yuya nu avea origini nobile. S-a căsătorit cu Thuya, care făcea parte din familia regală. Fiica lor, Tiy avea să devină (în 1390 î.Hr.) Marea Consoartă Regală a faraonului Amenhotep al III-lea.
6. Thuya a fost bunica lui Akhenaton.

7. Tiy (1398 - 1338 î.Hr.) a fost regina-consoartă a lui Amenhotep al III-lea. A avut un rol important în organizarea administrației Imperiului Egiptean, fiind ajutată de un aparat de funcționari bine pus la punct. Cel puțin spre sfârșitul domniei lui Amenhotep al III-lea, ea a fost cea care se ocupa de bunul mers al lucrurilor în stat.
8. Horemheb („Horus este în triumf") a fost ultimul faraon al Dinastiei a XVIII-a. A condus Egiptul în perioada 1319 - 1292 î.Hr.. Înainte de a deveni faraon a fost comandantul suprem al armatei sub domniile lui Tutankamon și Ay. A reformat statul și a demolat monumentele lui Akhenaton.
9. Amosis I/Ahmose I („născut din Iah", "născut din zeul Lunii") a fost întemeietorul și primul faraon al Dinastiei a XVIII-a. A fost membru al casei regale din Teba, fiul faraonului Taa al II-lea și fratele ultimului faraon al Dinastiei a XVII-a, faraonul Kamose.
10. Amenofis I a fost al doilea faraon din a XVIII-a Dinastie egipteană. A domnit probabil între anii 1526 - 1506 î.Hr..
11. Nahr al-Asi (Orontes, în antichitate) este un fluviu cu o lungime de 450 km care curge prin Liban, Siria și Turcia.
12. Eufrat este fluviul ce formează limita vestică a Mesopotamiei, limita estică fiind constituită de fluviul Tigru. Amândouă izvorăsc în Turcia și se varsă în Golful Persic, după ce traversează Irakul.
13. Tutmes I („Născut din Thot") a fost al treilea faraon din a XVIII-a Dinastie Egipteană. A urcat la tron după moartea lui Amenhotep I.
14. Tutmes al II-lea a domnit probabil între anii 1493 și 1479 î.Hr. și a fost probabil puternic influențat de soția sa, Hatșepsut.
15. Hatșepsut (sfârșitul secolului al XVI-lea î.Hr. - cca. 1458 î.Hr.) a fost al cincilea faraon din a XVIII-a Dinastie. A avut o domnie pacifică și prosperă, a construit temple somptuoase și a protejat granițele Egiptului. A avut o fată cu Tutmes al II-lea. Tutmes al II-lea l-a făcut pe Tutmes al III-lea cu o soție secundară. După moarte lui Tutmes al II-lea, a devenit soția și regenta a faraonului Tutmes al III-lea pe care l-a ținut în umbră până în 1482 î.Hr.. După moarte, numele i-a fost șters din istorie din ordinul faraonului (Tutmes al III-lea).

16. Tutmes al III-lea (faraon al Egiptului din 1482, până în 1450 î.Hr.) este considerat un Napoleon al antichității. A fost ținut în umbră până în anul 1482 de către mama sa vitregă, regina Hatșepsut. Apoi a cucerit teritorii din Asia și Africa, transformând regatul egiptean într-un imperiu, într-o serie de campanii militare care au durat mai mult de 20 de ani.
17. Meghido a fost un oraș antic, amplasat pe drumul comercial Via Maris care lega Siria de Egipt, fiind situat în depresiunea Jesreel din nordul Palestinei.
18. Tir este un oraș antic fenician (astăzi în Liban), locul de naștere legendar al Europei (fiica regelui Agenor, din Fenicia. Vrăjit de frumusețea ei, Zeus plănuiește să o fure, se preschimbă într-un taur frumos și se alătură turmelor regelui. În timp ce Europa, împreună cu însoțitoarele sale, culegea flori, remarcă frumusețea taurului. Zeus o răpește si o duce pe insula Creta, unde o seduce. Aflând adevărul, Europa, înșelată, se aruncă de pe o stâncă în mare, însă Afrodita o salvează. Pământul pe care a fost adusă de Zeus va primi numele ei. Europa i-a dăruit lui Zeus doi fii: Minos, un viitor rege al Cretei și Eac.) și al Didonei (Didona/Elissa a fost, conform legendei, întemeietoarea cetății Carthago - Cartagina în Tunisia).
19. Amenofis al II-lea („Amon este satisfăcut") a fost cel de-al șaptelea faraon al celei de-a XVIII-a dinastii egiptene. A moștenit un imperiu vast de la tatăl său, Tutmes al III-lea, a cărei întindere a păstrat-o prin câteva campanii militare desfășurate în Siria modernă. A purtat mult mai puține lupte decât tatăl său.
20. Amenhotep al III-lea (sau Amenofis al III-lea) a fost al nouălea faraon al Dinastiei a XVIII-a (a fost suveranul Egiptului între 1391 - 1353 î. Hr./sau 1388 - 1350 î.Hr.).
21. Isis este zeița magiei, a vieții și a căsătoriei. Este soția și sora lui Osiris, fiica zeilor Geb și Nut și mama lui Horus. Isis este una din principalele divinități venerate de vechii egipteni.
22. Hathor este fiica lui Nut și Ra. De cele mai multe ori, este prezentată și ca soție a lui Ra. În mitologia egipteană, era considerată zeița

dragostei, a familiei și a recoltei. Uneori era asociată cu Sekmet, zeița răzbunării, o femeie cu cap de leu.
23. Dendera este situat la 174 km nord de Edfu.
24. Ombos este situat la 64 de km sud de Edfu.
25. Memphis este situat la 30 de km sud de Cairo (și 720 de km nord de Edfu). Numele său provine de la numele piramidei lui Pepi I (a VI-a Dinastie egipteană) Men-nefer.
26. Elefantina este o insulă de pe Nil. Văzută de sus are forma unui colț de fildeș (aproximativ 1200m/400m).
27. Hermopolis era un mare oraș în antichitate, situat la granița dintre Egiptul de Sus și Egiptul de Jos. A prosperat în timpul prezentei Romane în Egipt și a fost un centru creștin timpuriu, începând cu secolul al III-lea. A fost abandonat după invazia musulmana.
28. Bubastis era un oraș antic situat în delta Nilului. Este identificat adesea cu orașul biblic Pi-Beset (Ezechiel XXX, 17).
29. Agathodaemon era un spirit binevoitor venerat în Egiptul antic. Avea corp de șarpe și cap de om.
30. Banha este un oraș situat în delta Nilului, între Cairo și Alexandria.
31. Marele Sfinx din Giza a fost construit de faraonul Khaf-Ra (2558 - 2532 î.Hr.) din cea de-a IV-a Dinastie.
32. Ra-Horakhty: în mitologia Egipteană se spune că atunci când apune soarele înseamnă că a murit Ra, iar atunci când răsare Soarele, înseamnă că Ra a renăscut.
33. Khepera este numele unui zeu principal asociat cu gândacul de bălegar (kheper) sau cu scarabeul. Khepera a fost un zeu al creației, al mișcării solare și al renașterii. Este reprezentat ca un bărbat cu cap de scarabeu. În unele scrieri despre geneză este asociat cu zeul Atum și uneori cu zeul soarelui Ra.
34. Mitanni a fost un stat slab organizat al hurienilor în nordul Siriei și sud-estul Anatoliei în perioada 1500 î.Hr. - 1300 î.Hr..
35. Mutemwia („Mut este în barca divină") a fost o consoartă secundară a lui Tutmes al IV-lea și mama faraonului Amenhotep al III-lea.
36. Aton sau Aten era o veche divinitate care personifica discul solar în mitologia Egiptului Antic.

37. Sesostris al III-lea a fost faraon al Egiptului din 1836, până în 1818 î.Hr., în cadrul celei de-a XII-a dinastii (1938 – 1756 î.Hr.), a reorganizat conducerea Egiptului si i-a anexat Nubia (în sudul Egiptului).
38. *Amenofis-fiu-al-lui-Hapu*, a fost arhitect, preot, scrib și funcționar la curtea lui Amenofis al III-lea.
39. Sitamun (născută în 1370 î.Hr., aproximativ), este considerată fiica lui Amenofis al III-lea și a marii consoarte regale, Tiy. A fost căsătorită ulterior cu tatăl sau, in jurul celui de-al treizecilea an al domniei acestuia.
40. Vizirul era cel mai înalt oficial în serviciul faraonului în Egiptul antic.
41. Karnak este numele modern al complexului de temple, capele, grupuri statuare și alte construcții, situate în zona Tebei, fosta capitală a Egiptului antic. Templul lui Amon-Ra din Karnak este cea mai importantă clădire a complexului monumental și cel mai mare edificiu cu destinație religioasă construit vreodată.
42. Gilukhipa a fost fiica lui Shuttarna al II-lea, regele din Mitanni. A fost sora lui Dușarata (următorul rege din Mitanni). A fost consoarta secundară a lui Amenofis al III-lea (regina Tiy fiind consoarta principală). La 26 de ani de la căsătoria sa cu Amenofis al III-lea, nepoata sa, Tadukhipa, a devenit și ea soția lui Amenofis.
43. Khaemhet a fost scrib regal și „Administratorul grânarelor din Egiptul Superior și Inferior", în timpul lui Amenofis al III-lea.
44. Ramose a fost mare vizir în timpul ultimilor 10 ani ai domniei lui Amenofis al III-lea și la începutul domniei lui Akhenaton.
45. Filippino Lippi (1457, Prato, Toscana - 18.04.1504, Florența), fiul nelegitim al pictorului Fra Filippo Lippi și al Lucreziei Buti, a fost un pictor italian din perioada Renașterii timpurii.
46. Alessandro di Mariano di Vanni Filipepi sau Sandro Botticelli (1.03.1445, Florența – 17.05.1510, Florența), a fost un pictor italian, unul din cei mai mari reprezentanți ai Renașterii italiene.
47. Ay, tatăl lui Nefertiti, a fost penultimul faraon (1323 - 1319 î.Hr.; sau 1327 – 1323 î.Hr.) al Dinastiei a XVIII-a. A fost un apropiat al faraonilor anteriori domniei sale și se spune că era puterea din spatele tronului

în timpul domniei lui Tutankhamon. Inscripțiile și monumentele care pot fi clar atribuite lui Ay sunt rare și din cauza faptului că succesorului său, Horemheb, a pornit o campanie împotriva lui și a altor faraoni din cea de-a doua jumătate a Dinastiei a XVIII-a.
48. Ludwig Borchardt (5.10.1863 - 12.08.1938) a fost un egiptolog german. Este cunoscut mai ales pentru faptul că a descoperit, în anul 1912, bustul lui Nefertiti (sculptură în calcar, din anul 1345 î.Hr.).
49. Dante Gabriel Rossetti (12.05.1828 – 9.04.1882) a fost un poet si pictor englez. A fondat Frăţia Pre-Rafaelită în 1848, alături de William Holman Hunt si de John Everett Millais.
50. Gebel Silsileh reprezintă o carieră de piatră importantă (situată pe ambele maluri ale Nilului) cel puțin din timpul celei de-a XVIII-a dinastii până în perioada greco-romană.
51. Esna este un oraș localizat pe malul de vest al Nilului, la 55 km sud de Luxor (Teba).
52. Wadi Hammamat se află în deșertul de est din Egipt, pe drumul care leagă Valea Nilului de Marea Rosie. Se află la nord de situl de la Karnak.
53. Psalmii, CVII, 23.
54. Nephthys este o zeiță egipteană, soția lui Seth, mama lui Anubis, sora lui Isis și Osiris, protectoare a morților. Stă alături de Isis și de Osiris la Ultima Judecată. Originară din Heliopolis, nu a avut temple dedicate exclusiv ei.
55. În Egiptul antic erau trei anotimpuri, Akhet, Peret și Shemu, legate de cele trei momente agricole și de nivelul apelor Nilului.
56. În Africa vânătoarea de animale mari include: leul, elefantul african, bivolul african, leopardul și rinocerul.
57. Al-Hakim bi Amr al-Lāh („Domnitor prin porunca lui Allah"; 985 – 1021) a fost al șaselea calif Fatimid și al șaisprezecelea calif ismailit (996 – 1021).
58. În baza tradiției religioase, autorul psalmilor a fost regele David. În realitate se pare că au fost mai mulți autori.
59. De exemplu, Psalmii 95, 3 și Psalmii 135, 5.

60. Câmpiile Elizee reprezintă tărâmul paradisiac, situat la capătul de apus al lumii, dincolo de fluviul Oceanus, în care ajungeau după moarte eroii și oamenii virtuoși.
61. Din Crezul Bisericii anglicane.
62. Valea regilor se află între dealurile situate pe malul vestic al Nilului (la câțiva kilometri nord-vest de Teba).
63. Nubia este o regiune din sudul Egiptului și nordul Sudanului, situată de-a lungul Nilului.
64. Ecleziastul este o carte din Vechiul Testament, realizată în perioada 450 - 180 î.Hr. sub forma unei autobiografii mitice, în care întâmplările sunt povestite adesea în stil auto-critic. Autorul se prezintă drept fiul lui David, rege al Ierusalimului (Solomon) și discută despre sensul vieții și cel mai bun mod de a trăi.
65. Bes era în mitologia egipteană un zeu foarte urât, însă binefăcător, reprezentat ca un pitic cu cap mare, trup diform, ochi bulbucați, limba scoasă, barbă de câlți, piele de leu și pene de pasăre. Bes ocrotea contra duhurilor rele și animalelor primejdioase.
66. Armant (Hermonthis în limba greacă) este un oraș situat pe malul de vest al Nilului, la 20 de km sud de Teba.
67. Faiyum (Al Fayyum) este un oraș localizat la 100 de km sud-vest de Cairo, în oaza Faiyum. În Egiptul antic era numit Shedet, grecii îl numeau Crocodilopolis, iar romanii, Arsinoë.
68. Faraonii din cea de-a V-a Dinastie au construit temple închinate soarelui (lui Ra) în două locații, la Abu Gorab si la Abusir, la 1 km distanță între ele si la 15 km sud de Cairo.
69. Nakht sau Nakhtpaaten („Puternic este Aton-ul") a fost vizir în timpul domniei lui Akhenaton. El i-a urmat vizirului Ramose, probabil din momentul mutării capitalei, din Teba, în Orașul Orizontului lui Aton.
70. Panehesy a fost un nobil egiptean foarte important. Acesta deținea foarte multe titluri în timpul domniei lui Akhenaton: "Slujitorul șef al lui Aton, în templul lui Aton din Orașul Orizontului lui Aton", "Al doilea Profet al Domnului celor Două Pământuri", "Deținătorul Sigiliului, în Egiptul de Jos", "Administratorul cornutelor", "Administratorul grânarelor lui Aton".

71. Burna-Buriaş al II-lea ("Servitorul sau Protejatul Stăpânului pământurilor", în limba kasidă). Buriaş era zeul furtunii, la kasizi, probabil echivalentul zeului grec Boreas (zeul vântului rece de nord, aducător de iarnă). A domnit între anii 1359 - 1333 î.Hr. şi a fost cel de-al nouăsprezecelea rege al kasizilor.
72. May a fost un funcţionar al curţii lui Akhenaton, prim-secretar Regal si purtător de evantai.
73. Din poemul *Kubla Khan*, de Samuel Taylor Coleridge.
74. Scrisorile de la Amarna, datate spre mijlocul secolului al XIV-lea î.Hr., sunt compuse din 382 tăbliţe ceramice. Aceste plăci ceramice au fost descoperite întâmplător de către o localnică din Tell el-Amarna, Egipt. Sunt redactate în caractere cuneiforme, majoritatea in limba akkadiană, limba diplomatică regională. Reprezintă corespondenţa diplomatică şi militară purtată între reprezentanţii diverselor state şi oraşe-stat şi faraonii Amenofis al III-lea şi fiul său Akhenaton. Acestea erau adresate Babiloniei, Asiriei, Canaanului, Siriei, Ciprului, hitiţilor şi celor din Mitanni. Stabileau relaţiile militare şi politice dintre Egiptul Antic şi fiecare stat.
75. Munţii Nur, numiţi Amanus în antichitate, constituie un lanţ muntos în Provincia Hatay din partea central-sudică a Turciei, paralel cu golful Iskenderun sau Alexandretta.
76. Tunip a fost un oraş-stat situat în vestul Siriei, în perioada 1350 – 1335 î.Hr..
77. Kadesh a fost un oraş antic al Levantului, localizat pe fluviul Orontes (în prezent, Nahr al-Asi, care curge prin Liban, Siria şi Turcia şi se varsă la Samandağ, Turcia, în Marea Mediterană). A căpătat o oarecare importantă spre sfârşitul Epocii de bronz şi este menţionat în Scrisorile de la El Amarna.
78. Tudhaliya al II-lea a fost rege al Imperiului hitit în perioada 1360? – 1344 î.Hr..
79. Duşarata a fost regele din Mitanni la sfârşitul domniei lui Amenofis al III-lea şi în timpul domniei lui Akhenaton. Sora acestuia, Gilukhipa şi fiica sa, Tadukhipa, au fost măritate cu Amenofis al III-lea.

80. Aziru era conducătorul regatului Amurru (Libanul modern) şi formal, un vasal al Egiptului. Acesta a încercat să îşi extindă regatul spre coasta Mediteranei, cucerind oraşul Sumur.
81. Baal este zeul ploilor, al furtunilor, al fulgerului şi trăsnetului. Baal este descris ca un luptător deosebit de puternic care combate forţele răului care încearcă să distrugă lumea.
82. Teshub era zeul cerului si al furtunilor la hurieni, un popor din Orientul Apropiat antic care a trăit în epoca bronzului în Mesopotamia de Nord şi în regiunile adiacente. Naţiunea huriană cea mai mare şi cea mai influentă a format regatul Mitanni. Teshub este reprezentat ţinând un fulger triplu, o halebardă sau un buzdugan. Taurul era animalul lui sacru.
83. Iştar era zeiţa asiro-babiloniană a dragostei, a războiului şi a fertilităţii. A fost foarte importantă în Mesopotamia începând din 3500 î.Hr. şi a intrat în declin odată cu răspândirea Creştinismului.
84. Luca, VI, 29.
85. Amoriţii constituiau un popor antic vorbitor al unei limbi semitice de vest, care a sălăşluit la vest de Eufrat si a jucat un rol însemnat în istoria Siriei, Palestinei şi Mesopotamiei.
86. Zemar (Simirra) a fost un oraş fenician şi un mare centru comercial. Se găsea sub protectoratul regelui din Byblos şi s-a alăturat regatului Amurru si lui Abdi-Ashirta. Forţe pro-egiptene l-au ocupat, dar Aziru, fiul lui Abdi-Ashirta, l-a recucerit.
87. Gebal a fost un vechi oraş fenician, în greacă Byblos. În timpul cruciadelor era cunoscut ca Gibelet. În prezent se află în Liban şi este numit Jubayl. A fost fondat în jurul anului 5000 î.Hr..
88. Matei XXVI, 52.
89. Sidonul a fost unul dintre cele mai importante oraşe ale Feniciei şi, probabil, cel mai vechi. De aici a pornit expediţia care a fondat oraşul Tir, care avea să devină, la rândul său, un oraş important care îl concura pentru poziţia de oraş de frunte al Feniciei.
90. Megiddo este un oraş situat în nordul Israelului. Numele sau grecesc este Armagedon. Conform Apocalipsei lui Ioan, este locul înfruntării finale între Isus Cristos şi Satan.

91. Aşkelon este un oraş din Israel, situat pe litoralul Mării Mediterane, aproape de graniţa cu Fâşia Gaza.
92. Gezer sau Tel Gezer, este un sit arheologic situat în Israel, între Ierusalim si Tel Aviv.
93. Lahish este un oraş din Palestina antică. În perioada biblică, a fost una din cele mai însemnate fortificaţii de apărare a Iudeei. Astăzi, este o colină din Israel, lângă râul Nahal Lahish, la 45 km sud-vest de Ierusalim.
94. Aşdod este un port din Israel, situat pe coasta marii Mediterane, la 60 km vest de Ierusalim.
95. Medinet Habu este Templul mortuar al lui Ramses al III-lea.
96. Tutankhaton a urcat pe tron la vârsta de 9 ani. Şi-a schimbat numele din Tutankhaton („imagine vie a lui Aton"), în Tutankhamon („imagine vie a lui Amon"), marele zeu al Egiptului. A abandonat cultul tatălui său şi s-a reîntors la zeii tradiţionali. În al doilea an de domnie a părăsit „Orizontul lui Aton", capitala întemeiată de Akhenaton. Mormântul său a fost descoperit în anul 1922, de Howard Carter şi Lord Carnarvon. Testul ADN a confirmat, în anul 2010, ca era fiul lui Akhenaton. Mama lui a fost sora şi soţia lui Akhenaton, dar numele acesteia este necunoscut. A urcat la tron la vârsta de 9 sau 10 ani. Sora sa vitregă, Ankhsenpaaton, i-a devenit soţie. Mai târziu, aceasta şi-a schimbat numele în Ankhsenamon. Au avut doua fete, care s-au născut moarte. În anul 2011 s-a stabilit că una dintre acestea murise după 5 sau 6 luni de sarcina, iar cealaltă, după 9 luni.
97. Semenkhare („Viguros este sufletul lui Ra"), a fost cel de-al nouălea faraon al Dinastiei a XVIII-a. A domnit, se presupune, timp de trei ani (1336 - 1333 î.Hr.). A urcat la tron la vârsta de 18 de ani, fiind precedat de Akhenaton. Semenkhare este cel mai misterios personaj al acestei dinastii, în privinţa sa făcându-se o mulţime de speculaţii.
98. Sennefer, a fost un nobil egiptean, "Primar al Oraşului" (Teba) si "Administrator al Grânarelor şi Câmpurilor, Grădinilor si Cornutelor lui Amon" în timpul domniei lui Amenofis al II-lea.
99. Cesare Lombroso, născut Ezechia Marco Lombroso (6.11.1835 - 19.10.1909), a fost un criminolog şi medic italian, fondatorul Şcolii

Italiene Pozitiviste de Criminologie. Este cunoscut pentru teoria pe care a elaborat-o în domeniul criminologiei și care a avut la bază darwinismul social și frenologia. Considera că tendința spre infracțiune este înnăscută în anumite persoane și considera ca aceasta poate fi observata în cadrul trăsăturilor fizice ale feței. Teoriile sale nu sunt acceptate de oamenii de știință moderni.

www.ingramcontent.com/pod-product-compliance
Lightning Source LLC
Chambersburg PA
CBHW060528090426

42735CB00011B/2413